HENRI ULRICH · BAUMGESTALTEN

Meiner Frau Marguerite zum ehrenden Gedächtnis

HENRI ULRICH

# Baumgestalten

BEGEGNUNGEN UND ERLEBNISSE

URACHHAUS

CIP-Kurztitelaufnahme der Deutschen Bibliothek

*Ulrich, Henri:*
Baumgestalten : Begegnungen u. Erlebnisse
Henri Ulrich. – Stuttgart : Urachhaus, 1984.
ISBN 3-87838-400-9

ISBN 3 87838 400 9

© 1984 Verlag Urachhaus Johannes M. Mayer GmbH, Stuttgart
Alle Rechte, auch die des auszugsweisen Nachdrucks
und der photomechanischen Wiedergabe, vorbehalten
Gestaltung Peter Keidel, Stuttgart
Satz und Druck der Offizin Chr. Scheufele, Stuttgart

# INHALT

Geleitwort . . . . . . . . . . . . . . . . 7
Einleitung . . . . . . . . . . . . . . . . 9
Ein düsteres Bild . . . . . . . . . . . . . 11
Bäume der Niederungen . . . . . . . . . . 18
Bäume der Ebene und der Vorgebirge . . . . 34
Bäume der mäßig hohen Gebirgslagen . . . . 84
Bäume der höheren Gebirgslagen . . . . . . 112
Bäume des Mittelmeerklimas . . . . . . . . 116
Der Reliktwald der Sainte Baume in der
südlichen Provence . . . . . . . . . . . . 128
Bäume, wer seid ihr? . . . . . . . . . . . 139
Anmerkungen und bibliographische Hinweise . 165
Danksagung . . . . . . . . . . . . . . . 167

# GELEITWORT

An den Bäumen haben wir nicht nur ein materielles Interesse; sie berühren alte, verborgene Empfindungen in uns. Unseren Vorfahren um die Zeitenwende waren Bäume und Wälder heilig. Dem nachdenkenden Menschen der Gegenwart bedeutet ein Baum mehr als nur ein gestaltendes Landschaftselement, mehr als nur Rohstoffproduzent oder wichtiger Bestandteil einer Lebensgemeinschaft; der Baum ist zum Zeiger, zum Mahner geworden in einer Zeit, da uns die zunehmende Belastung unseres Lebensraumes mit Sorge erfüllt. So gelten denn heute unseren Bäumen immer weniger bewundernde als tief besorgte Blicke.
Dennoch sollten wir über unseren Ängsten das Staunen nicht verlernen. Mein Urgroßvater, Großherzog Friedrich I. von Baden, hat mir mit der Insel Mainau einen vielfältigen Baumbestand hinterlassen, ein von ihm persönlich geprägtes Arboretum von europäischem Rang. Diese Baumgestalten beeindrucken mich immer aufs Neue. Ihrer Pflege, ihren Ansprüchen, ihrem Werden und Vergehen gilt mein großes Interesse. Kleine, staunenswerte Wunderwerke der Natur wie beispielsweise die Blüte einer Lärche haben mich zur Makrofotografie geführt, zu einer ganz besonderen Schau der Dinge.
Und diese besondere Schau der Bäume und ihrer mannigfachen Gestalten lassen mir das vorliegende Buch von Henri Ulrich auch so faszinierend erscheinen. Mit dem Zeichenstift nähert sich der Künstler dem Wesen der Bäume. Über ein Menschenleben lang hat er Begegnungen mit Bäumen in ganz Europa gesucht. Was er uns an Einsichten vermittelt, ist unseren Blicken in einer so flüchtigen Zeit sonst kaum noch zugänglich. In verbindenden Texten vermittelt der Verfasser darüber hinaus wertvolle Kenntnisse über die Eigenschaften der Bäume, über Landschaften, Lebenszusammenhänge und -gemeinschaften.
Das Buch »Baumgestalten« von Henri Ulrich ist unter den Baum-Büchern ein ganz besonderes Werk. Es trägt unseren vielschichtigen Empfindungen den Bäumen gegenüber Rechnung. Es erschließt uns Begegnungen mit Bäumen, ja persönliche Beziehungen zu den Bäumen. Wir erleben beglückende Einblicke, aber auch erschütternde Einsichten. Wir lernen wieder staunen!
Das Buch wird viel Freude bereiten und, wie ich hoffe, dazu beitragen, daß wir uns der Verantwortung gegenüber der Natur noch bewußter werden.

Dr. h. c. Graf Lennart Bernadotte
Sprecher des Deutschen Rates für Landespflege
Ehrenpräsident der Deutschen Gartenbau-Gesellschaft

# EINLEITUNG

> ... und wir können uns rühmen –
> seit Pompejus dem Großen haben wir sogar Bäume
> in Triumphen mitgeführt.
>
> *Plinius der Ältere. Hist. nat. Liber XII, XIV, 111*

Viele Menschen werden sich in unserer chaotischen Zeit der unersetzlichen Werte bewußt, die uns von Vernichtung bedroht mahnend zur Verantwortung ziehen. Zu diesen Werten gehören zweifellos jene erhabenen Gebilde der Pflanzenwelt: die alten, ehrwürdigen Bäume.

Dieses Buch möchte eine Anzahl solcher Bäume, auch Baumruinen, gebührend würdigen. Wanderungen und Reisen in der Nähe und in der Ferne boten mir Gelegenheit, absichtlich oder durch Zufall Baumriesen zu begegnen und verborgene Restvorkommen einstiger Waldgemeinschaften aufzuspüren, die als Naturdenkmäler zu betrachten sind. Viele von ihnen sind in den letzten 50 Jahren meist willkürlich zerstört oder verändert worden.

Schon als Knabe entdeckte ich in meiner elsässischen Heimat, inmitten der damals in den zwanziger Jahren noch ausgedehnten Rheinuferwälder prächtige Silberweiden, rauhstämmige Schwarzpappeln, Eschen, Ulmen und Eichen. Auf den Vogesenbergen waren es wetterverkrümmte Buchen, flechtenüberzogene Tannen und Fichten. Später fand ich in abgelegenen Tälern des Schwarzwaldes bei malerischen Bauernhöfen kraftvolle Linden, Eschen sowie Bergahorn, auf kahlen Hochweiden wunderlich zerzauste Buchen, im wahrsten Sinne Kämpfer mit den Naturgewalten. Im süddeutschen Raum stand ich vor der ältesten Linde, im Oberallgäu vor einer mehr als tausendjährigen Eibe. Die französischen Alpen, besonders diejenigen der Haute Provence und des Mercantour sahen mich in staunender Bewunderung vor großartigen Zeugen fast unberührter Naturwaldreste, im Gefels jahrhundertealte Rotbuchen, Lärchen und Edelkastanien. In der Normandie galt mein Besuch den wohl ältesten Eiben Europas, die auf kleinen Landfriedhöfen ihren dunklen Schatten über die Gräber breiten. Das Berner Oberland bot seine sturmerprobten Zirbelkiefern. In Griechenland, bei den Tempelruinen von Delphi, erblickte ich Fabelwesen gleichende Ölbäume, an den oberen Hängen des Olymp herrliche Kiefern. An der pazifischen Küste der Vereinigten Staaten und im Yosemite Nationalpark betrat ich das Reich der Mammutbäume, die den Menschen zwergenhaft erscheinen lassen. In Mexiko waren es die einst geheiligten Bäume der Azteken, gigantische Zypressen, die mich tief beeindruckten...

Alle diese einzigartigen Schönheiten lassen uns ahnen, welch urtümliche Pracht in den Waldlandschaften herrschte, als diese noch frei waren von menschlichen Eingriffen, die vielerorts zu ihrer Vernichtung führten oder sie in nüchterne Holzfabriken umwandelten.

Doch nicht allein uralten Bäumen sollen meine Betrachtungen gelten, auch nicht nur jenen, die als schon abgestorbene Überreste kämpferischen Daseins noch ergreifend auf uns wirken. Bedenken wir, daß solch ein gewaltiges Baumwesen einst, Jahrhunderte zuvor, ein winziges Samenkorn war, das artgemäß aus seiner Fruchthülle hervorbrach, aus zartem Sprößling zum Bäumchen wurde und später im jungen Frühlingslaub prangte. Überlegen wir, welche vielfältigen Bedingungen erforderlich waren und noch sind, die Entwicklung dieses Baumes bis zum vollendeten Erscheinungsbild zu ermöglichen, dann lernen wir den Baum als ein Wesen erkennen, das tiefste Beziehungen zu sämtlichen Kräften des Universums offenbart. Sachliches Erforschen biologischer Tatbestände, geschichtlicher Entwicklungen oder geographischer Ausbreitung sollte weder vergessen noch verächtlich übersehen, daß subjektive Gedankengänge und gefühlsbetontes Wissen in hohem Maße dazu dienen können, den globalen Begriff des Baumwesens zu schaffen und reich zu gestalten.

Aus welchen Tiefen des Seelischen mag die Zuneigung entspringen, die ein Mensch empfindet angesichts der größten aller Lebewesen? Am Anfang hatte wohl dieses Gefühl nichts einer objektiven Erkenntnis zu verdanken. Bildhaftes Anschauen kam den Ergebnissen des Verstandes zuvor, die bestrebt sind, Namen zu geben und Eigenschaften zu beschreiben. Das Baumbild war ursprüngliche Erleuchtung, die durch das Wissen erst nachträglich zu einem festen Begriff wurde. Die Sinneserfahrung erweckte die Fähigkeit, organische Zusammenhänge zu erkennen, Zeichen und Symbole zu erdenken, die als »religiöse« Vermittler auf das »reale« Objekt übertragen wurden.

Nur solange sie unbefangen ist, kann die Erfahrung die mythische Ausstrahlung des Baumes empfinden und in ihm, selbst wenn er schon abgestorben ist, seinen Wert als lebendiges Wesen entdecken. Einklang mit der Natur ist allein imstande, dem Baum sinnbildliche Bedeutung zu geben, ihn als Heiligtum in den mythologischen Themenkreis einzugliedern.

Bei oberflächlicher Betrachtung scheint diese Entwicklung des menschlichen Verhältnisses zum Baum aus einer langen Folge von Nutzen und Vorteilen, die der Mensch den Bäumen verdankt, hervorgegangen zu sein. In Wirklichkeit liegt das Bewußtwerden des Verehrungswürdigen bereits in unserer inneren Haltung gegenüber dem sinnlich Wahrnehmbaren; in der Fähigkeit, das Schöne, Großartige und Gute zu empfinden. Alle Völker der Erde, die in Wäldern beheimatet waren, pflegten Baumkulte. Der Baum war Mittler zwischen Himmel und Erde, Sitz eines Schutzgeistes, Ruhestatt für menschliche Seelen. Man glaubte, er könne bei Verstümmelung bluten und seinen Schmerz durch Stöhnen offenbaren. Holzfäller baten ihn um Verzeihung, bevor sie sich anschickten, ihn zu fällen. Der Baum schuf magische Beziehungen zur Einzelperson, zur Familie, zu einer ganzen Ortsgemeinschaft. Solche übersinnlichen Verhältnisse waren innerhalb menschlicher Gruppen vorhanden, die in enger Nachbarschaft mit den eindrucksvollen Baumgestalten lebten. Vom Tabu zur jahrhundertealten Tradition, den Baum zum Treffpunkt strenger Gerichtsbarkeit zu erwählen, dürften die Baumrituale aus jener uralten Schauung und Empfindung entstanden sein, in welcher dem Baum die Sehnsucht nach einem verlorenen Paradies angetragen wird, als sei er selbst der Ausdruck eines noch unerreichbaren Übersinnlichen. Trotz Wissenschaft und ständig wachsender Ausbeutung der Natur lebt der Mythos des Baumes weiter in den uralten Feiern zu Ehren des Lichts und der Auferstehung. Bäume werden gepflanzt, die schöner und geheimnisvoller als ein Steinmonument das Gedenken an historische Begebenheiten bewahren sollen.

In der Pflanzensymbolik verbergen sich erstaunliche Zusammenhänge. Das Verhalten der Lebenssubstanz beruht auf Strukturen und Funktionen. In dieser Hinsicht repräsentiert der Baum eine vollendete Form der Kreativität. Das »Baumsystem« entdecken wir in unserem eigenen Körperbau: Die Silhouette eines blätterlosen Eichbaumes gleicht auffallend dem arteriellen Gefäß-System des Gehirns. Der Bronchialapparat der Lunge, die Purkinje-Zellen im Kleinhirn haben regelrechte Baumgestalt. Die Evolution der Arten erscheint wie ein gewaltiger Baum, dessen Wurzeln in Urgewässern und Primärgestein gründen, dessen Gipfel, weitverzweigt und zeitlos, dem Unendlichen zustreben. Somit ist der Baum unserem eigenen tiefsten Wesen verwandt. Ja, man darf sagen: Wir haben den Baum in uns.

Den Begriff »Baum« zu definieren scheint einfach: Pflanze, deren Wurzeln, Stamm und Geäst aus Holz bestehen. Um nicht als Strauch oder Halbstrauch zu gelten, soll er im Prinzip nur einstämmig sein (Krüssmann). Auch gehört zum wahren Baum eine gewisse Größe, die wir auf unsere eigene Gestalt beziehen; wir wollen gewissermaßen, daß seine Größe die unsere weit übertrifft. Er muß also mindestens 8 Meter hoch sein. Manche Straucharten, wie Weißdorn, können in günstiger Umwelt (feucht-warme Rheinwälder) sich zu 15 Meter hohen Bäumen entwickeln. Feld-Ahorn, meist nur Gebüsch am Wegrand, wird in Uferwäldern 20 Meter hoch, während die Buche auf dem Vogesenkamm oder am Mont Lozère niedere Buschformen annimmt. Unter gewissen Baumgattungen sind einzelne Arten ganze 2 cm hoch (z. B. Salix herbacea der Alpen). Die Rosazeen umfassen sowohl niedere Arten, wie die Walderdbeere und die Wiesenkönigin, als auch Bäume, wie Holzapfel und Waldbirne.

Aus diesen Gründen fällt es schwer, eine genaue Zahl der Baumarten anzugeben, die in der Welt vorkommen. Bestenfalls kann man prozentual festlegen, wieviel über 8 Meter hohe Baumarten es in einer bestimmten Region gibt im Verhältnis zur Gesamtflora. So wird für Frankreich mit 4800 Pflanzenarten (ohne die Algen, Moose und Pilze) die relative Baumzahl kaum 1 % erreichen. Mitteleuropa ist eher arm an Baumarten im Vergleich zu Tropenländern, wo die Menge 80 % betragen kann, während sie in Tundrengebieten auf Null absinkt.

Die getreue bildliche Wiedergabe eines Baumes dürfte bei erster Überlegung durch die photographische Aufnahme am besten gewährleistet sein. Ich gab jedoch der Zeichnung den Vorzug. Die Zeichnung vermag das Wesentliche, die »Seele« des Baumes, viel eindringlicher als ein Foto herauszuholen. Obschon das auf die Netzhaut des Auges projizierte Bild eines Baumes demjenigen auf der Mattscheibe des Fotoapparates entspricht, gibt mir das Zeichnen dennoch etwas, das sich in erregender Weise als lebendiges Aufbauen äußert, das sich mit unzähligen Eindrücken verbindet, die mein Erleben mit Bäumen, Rinden und Blätterformen in meinem Gedächtnis hinterließ. Zeichnen wird zur Kontemplation, zur inneren Vermählung mit den Wesenheiten, die mir in fast liebevoller Weise Einzelheiten und Charakterzüge offenbaren. Somit kann, so meine ich, eine menschliche Ausdrucksform durch schöpferisches Wirken das wahre Wesen des Baumes zur Anschauung bringen.

Bevor wir uns hier den Zeichnungen zuwenden, müssen wir uns auch die Gefahren bewußt machen, denen die Bäume heute ausgesetzt sind.

## Ein düsteres Bild

»Der Wald stirbt!«[1] – »Der Wald stirbt immer schneller!«[2] – »Katastrophe zeichnet sich ab!«[3] – »Nur noch eine Galgenfrist!«[4] – »Für uns stirbt ein Teil der Schöpfung!«[5] – »Stirbt der Wald, stirbt auch der Mensch!«[6] So klingt es durch Zeitungen und Medien, in Versammlungen und Resolutionen. Das Bundesministerium für Ernährung, Landwirtschaft und Forsten bringt im Sommer 1982 kalte Zahlen: 562 000 ha Wald, also 7,7 % der Waldfläche, sind betroffen, besonders Tannen 100 000 ha, d. h. 60 % (allein in Baden-Württemberg 40 %), Fichten 270 000 ha, d. h. 9 % (in Baden-Württemberg 12 %). 90 000 ha Kiefern, 20 000 ha andere Nadelbäume, 90 000 ha Laubbäume schwer geschädigt oder schon abgestorben. Der Schwarzwald am stärksten angeschlagen.[7] Seither nehmen die Schäden in beängstigendem Maße zu.

Man vernimmt die Kunde wohl, der Glaube daran scheint aber noch weitgehend zu fehlen. Gab es nicht schon immer in unseren Wäldern kranke, tote Bäume? Ist deshalb ein Wald zugrunde gegangen? Alte Bäume, Baumruinen gehören zum natürlichen Werden und Vergehen. Die meisten Wanderer sah ich sorgenlos, ja froher Laune an solchen Baumleichen vorübergehen. Begegneten sie einem Nadelbaum mit zum Teil vergilbtem oder dürrem Astwerk, etwas magerer Krone, einer Buche, deren Blätter mitten im Sommer herbstelten, war es kaum verwunderlich, wenn sie sich darüber keine Fragen stellten. Schlimmer empfand ich es, wenn Spaziergänger an verdorrten, kahlen Waldpartien vorübergingen und sich dabei über nichts anderes als das gute Essen unterhielten. Sollten sie sich nicht eher beängstigt fragen, was da am Walde geschieht? Warum solche Bilder des Jammers entstehen konnten? Skelettartige Überreste ganzer Fichtenparzellen, sterbende Tannen mit nur noch geringem satten Grün, goldgelb angehauchte Jungfichten, braunumrandete oder graugrüne Buchenblätter, aufgesprungene Rinden sehen aus, als ob ein Riesenzerstäuber über sie hinwegzog, der wahllos mit unsichtbarem Hauch viele Kronen tödlich traf, anderen langsames Siechtum brachte.

Im September 1983 besuchte ich mit Oberforstrat Dr. Walter Lang, auf dem »Schwend« bei Oberkirch, ein 700 m hoch gelegenes Revier mit sorgfältig gepflegtem Buchen-Tannen-Fichtenmischwald aller Altersklassen, der zudem auf gutem Granitverwitterungsboden steht, auf welchem die Pluviosität 1500 mm pro Jahr beträgt. Es zeigten sich zuerst einzelne, dann auch Gruppen von hochstämmigen Tannen mit abgeflachter, noch dichter Krone, aber völlig durchsichtigem mittleren und unterem Geäst, unmittelbar neben ganz gesund erscheinenden Exemplaren. Prächtige, vollsaftige Fichten standen neben gleichgroßen Artgenossen mit abgemagerten Hängeästen und braungelbem Nadelschmuck. Am Wegrand, auf Lichtungen, zwischen naturverjüngten kräftigen Jungtännchen und -fichten trugen – wahllos verstreut – manche davon gelb- und rötlichbraun umrandete Nadeln. An den Tännchen hatten die Äste ihre erst drei- bis vierjährigen Nadeln abgeworfen. Die Jungfichten hingegen trugen noch ihre vergilbten Nadeln.

Das ganze Problem des Waldsterbens kam hier in seiner verwirrenden Kompliziertheit zum Ausdruck. Warum diese unregelmäßige Verteilung der Krankheitserscheinungen, sowohl bei alten wie bei jungen Bäumen, inmitten geschlossener Baumgruppen oder am Lichtungsrand, in Bodennähe oder in Wipfelhöhe? Wer unter den schärfsten Beobachtern des Waldgeschehens vermutete noch vor wenigen Jahren, daß etwas anderes schuld sein könnte als Klimaeinwirkung oder Pilzbefall? Schon vor 1970 sah man in der Luftverpestung eine mögliche Ursache der Krankheit, die jedoch ätiologisch nicht recht zu fassen war – ausgenommen in der Nähe von Rauchblößen alter Silber- und Bleihütten sowie in der Umgebung rauchemittierender Industrieanlagen, die den umliegenden Wald schädigten. Seit 1975, besonders aber seit 1981, dehnte sich die Plage flächenmäßig aus, vom Nord-, Mittel- und Südwest-Schwarzwald, den Wäldern in Baden-Württemberg, dem Oberpfälzer- und Frankenwald zum Bayerischen Wald, dem südlichen Jura, dem niederbayerischen Hügelland usw. In allen europäischen Ländern wie auch in Nordamerika wurden Schäden registriert, die ein anderes Gesamtbild ergaben als das bisher bekannte. In Frankreich, besonders im Vogesengebiet, können die befallenen Nadelbestände nicht mehr übersehen werden, meist in gewissen Höhenlagen, vorwiegend an kristallinen Ost- und Südhängen, aber auch in verstreut liegenden Gebieten.[8]

Gemeinden, Aktionsgemeinschaften für Umweltschutz, Politiker, Privatbesitzer und vor allem die Forstbehörden reagierten zu Beginn eher ratlos, wie die heimtückischen Ursachen des Waldsterbens zu ergründen und Maßnahmen in die Wege zu leiten seien. Ist es nicht schon reichlich spät? Der Wald lebt langsam, stirbt aber schnell an vielerlei Aggressionen, die sich jahrzehntelang kaum im Erscheinungsbild manifestierten. Langwierige koordinierte Forschungen wurden erforderlich, um die gravierenden Einflüsse auf die Lebensprozesse der Bäume zu erkennen.

Ganz allgemein kann gesagt werden: 1. Die um sich greifenden Krankheitserscheinungen an Wäldern sind in hohem Maße die Folgen direkter und indirekter menschlicher Tätigkeiten, die durchaus nicht immer als »Notwendigkeiten« im Sinne naturverbundenen Verhaltens angesehen werden können. Der Mensch handelt nach dem eigenwilligen Evolutionsprinzip: »Nur frisch drauflos, man wird schon sehen und sich anpassen, wenn es schiefgeht.« 2. Direkte, mehr noch indirekte Auswirkungen begangener Fehler werden jetzt auffällig, sind aber in ihrer Tiefen- und Breitenauswirkung noch nicht zu übersehen. 3. Wie bei einer Krankheitsdiagnose unterscheiden sich begünstigende Ursachen und Auslösefaktoren, die sich synergetisch ergänzen. Zu den ersten zählen die natürlichen Schadeinflüsse im Klima- und Parasitenbereich. Hier spielen langanhaltende Trockenperioden und plötzliche Temperaturunterschiede eine ausschlaggebende Rolle. Auch die waldbaulichen Unternehmungen dürften nicht schuldlos davonkommen. Bei den auslösenden direkten Schadwirkungen steht eine Tatsache fest: Abgase aus Industrie, Hausbrand und Verkehr sind ausschlaggebende Missetäter. Sie wirken fast dauernd, wenn auch fluktuierend. Sie werden über hunderte von Kilometern verfrachtet und können in den höheren Luftschichten den Erdball umkreisen. Ihre Bereiche scheinen sich mit den geschädigten Wald-, Land- und Seeflächen zu decken, insofern diese den dominierenden, mit Schadstoffen beladenen Winden ausgesetzt sind. So berühren die häufigen Westwinde mit ihren Giften die Westabhänge des Schwarzwaldes, des Schwäbischen Waldes, die Kammhöhen sowie überragende Baumkronen.

*Saurer Regen*

Mit dem Ausdruck »saurer Regen« scheint die Ursache des Baumsterbens ein für alle Male klargestellt. Doch so einfach liegen die Dinge nicht.

Gibt es eigentlich »normalen Regen«? Das aus dem Meer oder anderen Wasserflächen ausgedünstete Wasser nimmt auf seinem Weg durch die Luft Spuren von natürlichen Mineralsubstanzen mit, wie Magnesium, Jod, Chlor, Natrium, gelöste Gase, alle aus dem Meere selbst, dann Ozon, das durch Blitzwirkung entsteht, ferner Staubteilchen und Gase wie Schwefeldioxid, die zeitweise von vulkanischen Ausbrüchen stammen. Der mittlere Säurewert (pH) liegt in neutralen Grenzen, um 6,5 auf der von 1 bis 14 zählenden Skala. Beim Durchziehen über Westeuropa (die dominierenden Winde gehen von westlichen nach östlichen Richtungen) werden nun noch Abgase und Stoffe mitgenommen, in erster Linie Schwefeldioxid $SO^2$ und Stickoxide $NO^x$, Sulfat und Nitratradikale, woraus in Anwesenheit von Wasser schweflige Säure, Schwefelsäure und Salpetersäure entstehen können. Diese Gase entstammen, was das Schwefeldioxid betrifft, zur Hauptsache der Industrie, den Kraftwerken und dem Hausbrand, während der Kraftverkehr in zunehmendem Maß an der Stickoxidemission beteiligt ist. Ferner werden im Regen und in trockenen Luftströmungen Schwermetalle, Photooxydantien, Fluor mitgeführt, so daß solch verpesteter Regen pH-Werte unter 4 ergibt, was schon als sehr sauer gilt. Beispiele: Rand des Ruhrgebietes, Hochvogesen (!) $3,9^8$. Eine eigene Messung (28.2.84) in Straßburg-Robertsau ergab 3,85. In Freiburg-Mooswald fand man pH 4,5, in Colmar 3,8–6,9, in Meyenheim 4,1 bis 8,5 (auch Winter- und Sommerwerte!).[9] Im Ruhrgebiet betragen die Schwefelniederschläge 28,5 kg pro Hektar im Jahr, bei Freiburg i. Br. 19,5 kg. Im Oberelsaß nehmen die Fremdstoffniederschläge von Nord nach Süd zu: 74 kg/ha/J. in Sulzeren-Geisberg, 122 kg/ha/J. in Colmar, 562 kg in Ensisheim, 1340 kg im Industriebecken Mulhouse, wo Kalisalze den hohen pH-Wert erklären. Im Elsaß fallen jährlich 95.000 Tonnen Schwefelstoffe zu Boden. Über Straßburg sind die $SO^2$-Mengen zwischen 1973 und 1981 von 89 Mikrogramm/m³ = millionstel Gramm m³) auf 45 µg zurückgegangen[10] infolge der Verwendung schwefelarmer Kohle bei ungünstigen Wetterbedingungen und der Abnahme des Gebrauchs von Heizöl. Leider hat sich der Mittelwert von Schwefeldioxid, der schon 1982 auf 55 µg anstieg, 1983 auf 64 µg erhöht. In Industriegebieten betragen $SO^2$-Konzentrationen 0,04 bis 0,14 µg/m³, in »reinen« Gebieten immerhin noch 0,02 bis 0,07 µg/m³. Im Regen selbst ist die Konzentration der Säuren weniger hoch als in den feinen Nebeltröpfchen, den Aerosolen, die eine große Fernwirkung ausüben.

*Vielartige trockene und flüssige Schadstoffe*

$SO_2$ und Stickoxide bleiben gleichwohl als Gase (trockene Deposition) wie in flüssiger, gelöster Form wirksam. Zu ihnen gesellen sich gefährliche Schwermetalle: Blei (bis 0,5 g/m³ pro Tag, sonst um 0,25 g, in »reiner« Luft noch 0,04 g; ferner Cadmium, Nickel, Quecksilber, Thallium, Wismuth, Zink. Sie wandern als Teilchen oder als gelöste Salze. Als dritte Störungsprodukte erscheinen die Photooxydantien, die sich in der Luft aus den Stickoxiden und Kohlenwasserstoffen unter dem Einfluß der Sonnenstrahlung bilden und zum Beispiel Peroxide, Aldehyde, organische Säuren, Peroxyacetylnitrat (PAN), besonders aber Ozon $O_3$, ergeben. Dazu kommen noch Kohlendioxid $CO_2$, Kohlenmonoxid CO, Sulfate, Nitrate, Chloride, schlecht verbrannte Mineralöle mit Akrolein, krebserzeugendes Benzpyren, Asbeststaub, ätzender Fluorwasserstoff und besonders Chlorgase, alles Schadstoffe, die sich in ihren Wirkungen eher verstärken als neutralisieren.

Unter den Stickoxidabgasen $NO_x$ ist $NO_2$ ein bräunliches, sehr scharfes Gas, das mit Wasser Salpetersäure gibt. Unter Ultraviolettstrahlung (Photolyse) wird es zu $NO + O = O_2$ (unser Lebenselement), als auch zu $O + O + O = O_3$, Ozon. Ferner reagieren sie mit den Kohlenwasserstoffen $H_x C_y$ der Abgase, aber auch mit natürlichen Terpenen, die von Bäumen ausdünsten, wobei auch $NO_2$ entsteht. Über Tag herrscht die Photolyse mit Ozonproduktion vor. Über Nacht tritt, besonders in Stadtgebieten, eine Reversion ein, bei welcher das Ozon in $NO_2$ zurückgeht. Diese unterbleibt in Gebirgslagen mit weniger $NO_2$-Gehalt. Ozon blockiert die Stomatenöffnungen (Spaltöffnungen), dadurch erhöht sich die Austrocknung, zerstört die Wachsschicht der Blätter und die Zellmembranen, so daß die Wirkung der Schwefel- und Salpetersäuren voll zur Geltung kommen kann.

*Empfindlichkeit der Baumarten*

Sie machte sich zuerst, etwa ab 1970, bei älteren Weißtannen, dann bei Fichten, Kiefern, Lärchen, später bei Buchen, Eichen, Bergahorn, Esche, Vogelbeere, Linde, Birke, Spitzahorn bemerkbar. Nadeln bleiben mehrere Jahre am Baum und sind deshalb länger als Laubbaumblätter den Schädigungen ausgesetzt. Die Symptome erscheinen bei der Tanne an einzelnen Zweigen als Vergilbungen, die am ganzen Baum fortschreiten. Bald fallen die erst 2- bis 3jährigen Nadeln ab. Der Baum wird durchsichtig, verdorrt von unten nach oben und von innen nach außen. Durch Wachstumsstillstand wird die Krone zum Storchennest. Bei der Fichte schreitet das Kahlwerden von oben nach unten fort, Harz fließt aus der rissig gewordenen Rinde. Die Buchen erleiden Kronen- und Astdürre. Ihre Blätter vergilben oder fallen grün ab. Äußerst anfällig sind schon die Buchenkeimlinge.

*Wirkungen auf Baum und Boden*

Wie ein Filter halten Bäume mit ihrem Blätterwerk Gase und Trockenpartikel zurück, die direkt auf die Spaltöffnungen des Blattes, auf die Lentizellen (Atmungsöffnungen) der Rinde einwirken. Bei nasser Verunreinigung (Säurebildung) leidet die ganze Epidermis. Die Folgen sind Behinderung oder Aufhören des Stoffwechsels, der Photosynthese, der Enzymaktivität, der Transpiration, der Lipidoxidation, also der gesamten Lebens- und Aufbauprozesse. Der Baum altert frühzeitig und stirbt ab. Nicht genug, die Schadstoffe gelangen auf und in den Boden, wo sie sich mehr und mehr ansammeln. Es entwickelt sich ein tiefgreifendes, noch unübersichtliches Zersetzungs- und Zerstörungswerk, das sich für das zukünftige Fortbestehen des Waldes im Boden vielleicht viel schlimmer auswirkt als die Schäden an den oberen Partien des Baumes: Humusversauerung, Auswaschung von Nährstoffen,

Degradierung der Feinwurzeln (Mykorrhizen). Mit der Anhäufung von Schwermetallen in Erde und Rinde nehmen die toxischen Aluminium- und Mangan-Ionen zu, während die wichtigen Kalzium- und Magnesium-Ionen ausgewaschen werden. Das ganze Ökosystem, von der Bakterie zum Regenwurm, verfällt akutem Assimilationsmangel. Durch schwere Stockungen im Wasserhaushalt bilden sich im unteren Stamm sogenannte Naßkerne. Wohl kommen gewisse Stickstoffkomponenten dem Boden zugute, doch im gesamtpathologischen Geschehen wiegen sie nicht schwer. Eine Tatsache bleibt unumstritten: Der Boden verarmt, verändert seine Struktur, unter anderem durch Podsolierung. Er verliert das biologische, sehr sensible Gleichgewicht seiner eigenen reversiblen Huminsäureproduktion aus Wurzelatmung und Phenoloxydation. Pathogene Pilze und Viren treten auf. Kalkreiche Böden besitzen eine größere »Pufferkapazität«, um Säuren zu neutralisieren. In Frankreich, dessen Wälder vielerorts auf Kalkböden stocken, werden bis jetzt – vielleicht aus diesem Grunde – weniger Schäden bekannt. Schadstoffdeposition kann Obstbau, Gärten, Kulturen beeinflussen. Schwermetalle lassen sich auf Blättern und Gräsern, besonders in der Nähe der Verkehrsstraßen, nachweisen. In Schweden, weitab von Industriegebieten, zeigen 20% der Binnenwässer eine Abnahme ihres Planktons, der Fische und Pflanzen, bei Vermehrung der Algen und Moose als Folge sauren Regens oder toxischer Aerosole.

*Verwirrende Fakten*

Wir wissen nicht, wie lange die Akkumulationsphase dauert, bis zu welchem Grade die Schäden reversibel sind oder nicht. Die inter- und intraspezifische Verschiedenheit des Rekationsverhaltens bei Pflanze, Tier und Mensch kompliziert die Probleme und ihre Lösungen.
Viele Fragen bleiben umstritten: Sind Schwefelgase allein schuld am Waldsterben? Seit einigen Jahren wird ein Rückgang des Säuregehaltes im Regen festgestellt, während die Bodenversauerung eher zunimmt. Im Ruhrgebiet sind trotz hoher Schwefelimmission die Wälder kaum erkrankt, im Schwarzwald und im Sauerland hingegen stark betroffen. Im trockenwarmen Jahr 1976 waren im Bayerischen Wald die Schäden groß (Bildung von Ozon, das säureartig wirkt), sowohl auf kristallinen, wie auch auf Kalkböden. Alle Bestände – seien es Monokulturen, Mischwälder, Plenterbetriebe mit Bäumen jeden Alters, naturgemäße Gemeinschaften auf gesundem Boden, auch eingeführte Arten – unterliegen den Schädigungen. Es bleibt zu fragen, warum in den Vogesen die Schäden erst einige Jahre nach jenen des Schwarzwalds auftraten.[12]
Jeder Einzelfall zeigt ein Schadbild, welches sich in Ursachen und Werdegang von einem anderen unterscheiden kann. Eines scheint gewiß: Das Erkranken und Absterben der Bäume wird von Stoffen ausgelöst, die vom Menschen produziert sind, einer Vielzahl von Stoffen, die, mit klimatischen und lokalen Umständen zusammenwirkend, den Wald und die gesamte Pflanzenwelt treffen.

*Indikatoren*

Ein Krankheitsbild, sei es nur an einem Ästchen bemerkbar, wird zum Indikator, zum Alarmauslöser von lebenshemmenden Einflüssen, die wohl schon seit Jahren im geheimen das Terrain vorbereiteten. Im geringsten Teilbild muß man den ganzen Naturhaushalt als in Mitleidenschaft gezogen betrachten. Alarmgeber sind aber nicht allein die Bäume. Vor 50 Jahren gab es in den Nordvogesen viel mehr Pilze als heute, häufig waren Schmetterlinge und Käfer. Manchen Raupen seltener Schmetterlinge dürfte die verseuchte Blätter- und Gräserkost kaum bekommen. Wer aber sieht im Rückgang von Schmetterlingen, im Verlust vieler Pflanzen- und Tierarten unbestreitbare Warnsignale in einer von uns selbst belasteten Evolution?

Die Wasserspeicherung, die wir den Bäumen und einer dichten Pflanzendecke verdanken, läßt nach. Überall, in den Bergen, im Hügelgelände, entziehen wir dem Waldboden einen merklichen Teil des Wassers, um den Bedürfnissen der immer mehr um sich greifenden Siedlungen gerecht zu werden. Dieses Wasser aber fehlt dem ortsgebundenen Naturhaushalt. Es enthält, wenn auch in unterschwelligen Mengen, gelöste Schadsubstanzen und Schwermetalle, die besser nicht darin wären. Störungen im biologischen und chemischen Zustand des Bodens beruhen, wie schon angedeutet, auch auf den seit vielen Baumgenerationen angewandten naturwidrigen Wirtschaftsweisen. So manche Fichten- oder Kiefernmonokultur stand, abgesehen von der einseitigen Artenbevorzugung, nicht am ökologisch richtigen Platz. Manche Autoren[12] nehmen an, daß die massiven Nadelholzanpflanzungen unter Bismarck besonders im Schwarzwald, später in den Vogesen, die Bodenqualität verschlechterten. Große Kahlhiebe, zu häufige Bodenbearbeitungen haben auf lange Sicht schwere Nachteile und bringen das unendlich reiche, geduldige Werden des Bodens durcheinander. Wohl kennen wir schon manches in der Bodenkunde, nur fragt es sich, ob wir die in der Landwirtschaft jetzt üblichen »rationellen« Methoden systematisch auf die Waldproduktion übertragen können, ohne blind zu handeln. Rücksichtslos anthropozentrische Produktionsinteressen stehen im Gegensatz zu der Vitalität eines alteingesessenen Mischwaldes, der wohl imstande ist, sich selbst zu regenerieren. In einer natürlichen Waldentwicklung geschieht es, daß Wind und Schneebruch Lücken reißen. Wenn dieses »Chaos« liegen bleibt, geht absolut nichts verloren, nur braucht es Jahrzehnte, bis erneut ein Wald entsteht, zwischen Gräsern, Stauden und dichtem Gebüsch, in dessen Schutz die alten Baumarten langsam emporkommen. Unsere Forstwirtschaft will und kann es sich nicht leisten, solches Geschehen abzuwarten, welches aber allein ein gesamtbiologisches Gleichgewicht für Pflanze und Tier garantieren könnte. Gewiß bringt eine monokulturale Züchtung quantitativen Erfolg während 3 oder 4 Baumgenerationen. Dann treten negative Aspekte auf, wie Quantitätsrückgang, Verschwinden von Tier- und Pflanzenarten, erhöhte Empfindlichkeit gegenüber Angriffen aller Art.

## Dringende Maßnahmen

Einen Waldbrand bekämpft man durch schnelles Eingreifen zu Land und aus der Luft. Vor einem Waldsterben steht man wie gebannt und hilflos da, doch sollte kein Tag versäumt bleiben, einer katastrophalen Entwicklung vorzubeugen. Sofortmaßnahmen, ganz empirischer Art, zur Entsäuerung des Bodens mit Kalkdüngung oder mit Kalimagnesia (Prof. W. Zech) versprechen einigen Erfolg. Gewisse Sprühmittel (Lignin) sind als Blatt- und Nadelschutz empfohlen. Sie sind jedoch sehr kostspielig. Am allerdringendsten ist die Aufforderung an alle Industrieländer, eine radikale Verminderung der Luftverunreinigung zu erstreben, und an die pluridisziplinare Forschung, alle Apsekte, Wirkungen und Verwandlungen der Schadstoffe zu ermitteln, Toleranzwerte für alle Lebewesen festzulegen und aus den zu erforschenden Beziehungen der Luftverunreinigung mit den Wettererscheinungen praktische Anweisungen an die Energieverbraucher anzuordnen. Wir hatten anfänglich bemerkt, wie wahllos die Schäden im Walde verteilt sind. Es scheint, daß genetisch bedingte individuelle Resistenzfaktoren bei Bäumen existieren. Dies zu erforschen dürfte sich als äußerst schwierig erweisen, denn das Saatgut scheinbar widerstandsfähiger Bäume könnte erst nach Jarzehnten den Beweis erbringen, ob die Nachkommen gesund bleiben.
Grundgesetzliche Regelungen zur Reinhaltung der Luft gibt es in der Bundesrepublik seit 1974. Eine »Technische Anleitung zur Reinhaltung der Luft« (1974, 1983)[7] fordert $SO^2$-Grenzwerte von 140 µg/m$^3$

bei Langzeiteinwirkung, 400 mg/m³ bei Kurzzeiteinwirkung, die jedoch für Bäume viel zu hoch liegen und selbst beim Menschen Atembeschwerden und Allergien auslösen können. Maximalemissionswerte von 50 bzw. 150 µg/m³, die vom Internationalen Verband Forstlicher Versuchsanstalten vorgeschlagen waren, sind in der Anleitung nicht angenommen worden. Eine Großfeuerungsanlagenverordnung 1983 erstrebt die Begrenzung der Schadstoffemissionen, auch der Staubpartikel. In Frankreich sind mehrere Großstadt- und Industriegebiete unter dauernder, zum Teil automatisierter Kontrolle der Schadstoffpollution. Modernste Mittel werden eingesetzt, Laser, spektralanalytische, akustische Verfahren, Luftkontrollen in hohen (10 000 m) und niederen (600 m) Inversionsschichten der Atmosphäre, wo die chemischen Regen- und Nebelaktivitäten sich besonders stark äußern. Obwohl diese Untersuchungen nicht direkt durch die Waldschäden motiviert sind, haben ihre Ergebnisse große Bedeutung für eine Umweltsanierung.

Die Europäische Gemeinschaft setzte 1980 Richtlinien für die Minimalforderungen der Luftqualität.[11] Darin werden Schwefeldioxid und Staubniederschläge in Bezug gebracht. Maximalwerte:

im Jahresmittel: $SO^2$ bis 120 µg/m³ = Staubpartikel bis 40 µg/m³
im Jahresmittel: $SO^2$ bis 80 µg/m³ = Staubpartikel bis 80 µg/m³

im Tagesmittel: $SO^2$ bis 150 µg/m³ = Staubpartikel bis 350 µg/m³
im Tagesmittel: $SO^2$ bis 250 µg/m³ = Staubpartikel bis 250 µg/m³

Tagesmittelwerte von 350 µg $SO^2$/m³ + 150 µg/m³ Staubpartikel oder 250 µg $SO^2$/m³ + über 150 µg/m³ Staubpartikel dürfen nicht mehr als an drei aufeinanderfolgenden Tagen überschritten werden. Die Möglichkeiten, diese empfohlenen Grenzwerte zu vermindern, bleiben leider noch technisch begrenzt.

Sollten die Bemühungen, die Luft- und Umweltverpestung zu verringern, nicht in absehbarer Zeit sichtbaren Erfolg bringen, so werden die Auswirkungen einer jetzt schon bedrohlichen Situation sich in zunehmendem Maße als verheerend auf das wirtschaftliche Leben, auf unsere wertvollsten Kulturgüter, auf unser individuelles und soziales Verhalten erweisen. – Neueren Messungen zufolge besteht seit einigen Monaten eine Abnahmetendenz besonders der Schwefeldioxidimmissionen.

*Ein ethisch bedingtes Problem*

Wenn die alten Städtekulturen ihre Wälder zugrunde richteten und so ihren eigenen Untergang unterzeichneten, so könnten wir, als »Fortgeschrittene«, daraus schließen, daß Unwissen, Habgier, Größenwahn ihr Verhalten gegenüber Natur und Umwelt begründeten. Wohl wissen wir heute unendlich vieles mehr, aber dieses Wissen steckt noch im anatomischen, bestenfalls funktionsanalytischen Stadium, in den technisch zweckmäßigen, aber in sich unabhängigen, egozentrisch ausgewerteten Errungenschaften. Ein Wissen, das kaum die feinen und feinsten – und schon gar nicht die geistigen Kräfte ahnt, die im lebendigen Naturgefüge walten. Zu oft noch äußert sich heutiges Unwissen in brutaler Technik, in unbegrenztem Besitzergreifen und maximaler Ausbeutung, bei welcher der Verbrauch die verschwendete Energie kaum wieder einbringen kann.

In seinem Verhältnis zur Natur begibt sich der Mensch in selbstverschuldete mißliche Lagen, die ihn, oft reichlich spät, belehren, daß der Wald, der Baum, diese seit Urzeiten unvergleichlichen Lebensspender und Förderer der Kulturentwicklung, nicht weiter mißhandelt noch verraten werden dürfen.

# BÄUME DER NIEDERUNGEN

Silberweiden, *Salix alba* L.,
am Ufer der Ill, nördlich von Straßburg

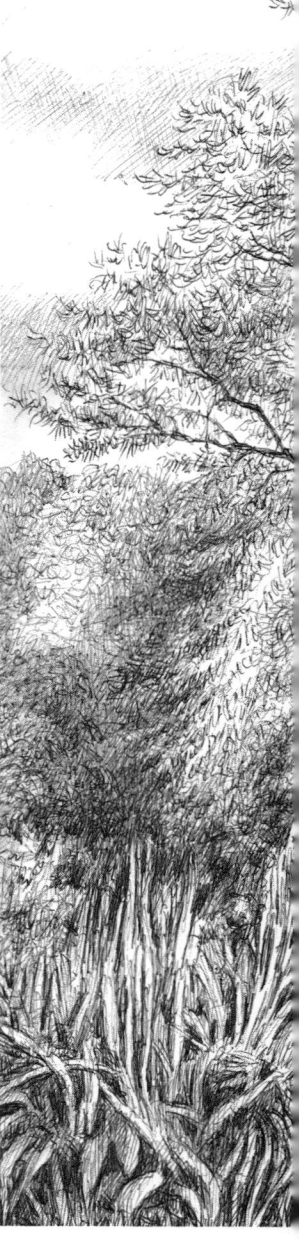

*Eine heute nur noch geringflächige, in Europa seltene Waldgemeinschaft (Rheinuferwälder) zwischen Altwassern, überschwemmbaren Inseln und angegliederten Riedlandschaften, mit Silberweiden, Erlen, Schwarzpappeln, Feld- und Flatterulmen.*[13]

Noch in den zwanziger Jahren hatten die herrlichen Alluvialwälder des Rheins elsässischerseits zum Teil ihr ursprüngliches Ausdehnungsgebiet von etwa 20000 Hektar beibehalten. Kartographische Vergleiche[14] zeigen, daß der alte Rhein mit seinem Hauptnebenfluß, der Ill, und seinem Labyrinth von Seitenarmen früher zu den eindrucksvollsten Urwaldgebieten Europas gehörte.

Welche beglückenden Erlebnisse bot mir dieser Uferwald! Größere und kleinere Tümpel mit glasklarem Grundwasser bildeten regelrechte Aquarien mit Tannenwedel, Wasserstern, Tausendblatt, Igel-

kolben. Im Frühling wimmelte es von Kaulquappen, Schwimmkäfern, Kamm- und Teichmolchen – sogar Bergmolchen –, die zum Luftschnappen zur Oberfläche kamen oder träge sich sonnten. Köcherfliegenlarven krochen auf dem Grunde umher. Flußmuscheln, darunter tellergroße Exemplare, Schlamm-, Posthorn- und Sumpfdeckelschnecken lebten da in Mengen und Scharen von Libellen. Kaninchen flitzten im Unterholz umher, Hasen, Rehe zogen ihre Wechsel zwischen Maiglöckchen und wildem Knoblauch. Ich lauschte unzähligen Vogelstimmen. Auf Lichtungen sah ich das weißsternige Blaukehlchen, an den Gießen und Altwassern Graureiher, Eisvogel und viele Entenarten. Schier undurchdringliches Hasel- und Schlingpflanzendickicht lag um die morastigen Gräben und Wasserläufe.

Alte Kopfweide bei einer kleinen Brücke aus dem 18. Jahrhundert,
Ried von Blaesheim, Unterelsaß. Neigung zu Drehwuchs

Gewiß, der Mensch versuchte schon zur ersten Eisenzeit, um 800 v. Chr., zu roden und Verkehrswege zu schaffen. Riedwiesen fanden ihren Ursprung, mit Siedlungen und Hügelgräbern. Doch bis zum späten Mittelalter blieb die Natur Gebieterin der Landschaftswerdung. Überschwemmungen – im Frühsommer der »Kirschenrhein«, im Spätjahr der »Holzapfelrhein« – gehörten zum natürlichen Gebahren des wilden »Alpen«-Stromes. Zwischen 1817 und 1876 hatte die Begradigung des Rheins durch den badischen Ingenieur Tulla die Verkürzung des Laufes um 80 km, die Einengung und Vertiefung des Flußbettes und die Senkung des Grundwassers zur Folge. Der Bau eines 100 bis 300 m vom Ufer entfernten Dammes gab dem Rhein eine regelrechte Zwangsjacke. Noch brachte der Druck des Stromes das Grundwasser periodisch zum steigen, das dann manchmal in geysirartigen Fontänen die Riede überflutete. – In den letzten 30 Jahren entstanden zwischen Basel und Lauterbourg zehn gigantische Kraftwerke und eine Atomzentrale. Nun war der Strom von seinen Nebenarmen getrennt, der Grundwasserspiegel weiter abgesunken. Mehr als die Hälfte der Rheinwälder wurde abgetragen. Im abgestellten Altrhein sollen Querstufen für einen minimalen Pegelstand sorgen. Zu viele Kiesgruben tragen dazu bei, das Landschaftsbild radikal zu verändern.
Letzte Restbestände der Uferwälder sind heute auf wenige Hektar große, unter sich getrennte Flächen zusammengeschrumpft. Eine Ausnahme bildet der Schoenau-Marckolsheimer Rheinwald mit etwa 1200 ha sowie die »Insel« Rhinau gegenüber dem rechtsrheinischen Taubergießen-Naturschutzgebiet bei Kappel-Rust. Hier fanden sich einst unter optimalen klimatischen Bedingungen – Erwärmung, stete Feuchtigkeit, lockere Bodenstruktur – über 40 nach der Eiszeit aus südlichen Breiten eingewanderte Holzarten ein.

Alte Kopfweide mit eigenartigen Bildungen.
Rheinwald der Wantzenau, nördlich von Straßburg

Reich geschichteter Urwald stand auf leicht erhöhten Alluvialbänken, den sogenannten »Köpfen«, »Kuppen« oder »Wörthen« (Inseln). Die Schilf- und Seggengürtel der Ufer, die vertieften Mulden, »Gründe«, »Schollen« oder »Schluthe« genannt, gehörten den Weichhölzern, Weiden, Erlen, Schwarzpappeln, besonders den Silberweiden mit ihren im Winde silbrig schimmernden Kronen. Straßburgs keltischer Name Argentoratum kann eine Anspielung sein auf den Charakterzug dieser Landschaft, der heute noch an den Ufern der Ill und auf den Rheininseln vorherrscht.[15] In der Strauchschicht des Uferwaldes finden sich Weißdorn, wilder Hopfen, Traubenkirsche, schwarzer Holunder. Auf dem sehr feuchten Boden blühen Schwertlilie, Scharbockskraut, Gundermann, Wallwurz, da wuchern mannshohe Brennnesseln, die manchen Besucher davon abhalten, die wundersamen, rauhen, märchenhaft ausgehöhlten Baumgebilde näher zu betrachten. Aus mulmigen Hohlräumen sprießen Sträucher, wie Faulbaum, Kornelkirsche, manchmal eine Esche oder Birke, umsäumt von Springkraut und Farnbüschen. Waldkauz, Ohreneulen, Stockenten, Zaunkönig, Mönchsgrasmücken finden in ihnen Unterkunft, oft gemeinsam mit Spitzmaus, Wiesel oder Iltis. Silberweiden wurden in den Fischerdörfern regelmäßig »geköpft«. Aus dem Kernholz schnitzte man Holzschuhe, das biegsame Geäst diente zur Herstellung von Körben und Faschinen. Hieronymus Bock[16], der Straßburger Altmeister der Botanik, schreibt (1546): »Die zehen grawen seilweiden oder sellen, die geben den besten zaun, auch körb, zeinen und fischreüssen.«

Die Mehrzahl der Silberweiden und der monumentalen Kopfweiden sind unwiederbringlich dem Abgang verfallen. Die heutigen Verhältnisse verhindern jede natürliche Verjüngung der Weidenbestände, zumal diese für die wirtschaftliche Bewertung belanglos geworden sind.

Schwarzerlenzweige, *Alnus glutinosa* Gaertn., im Frühling.
Am selben Geäst die holzig gewordenen Fruchtzäpfchen des Vorjahres,
männliche, pollentragende Kätzchen,
weibliche Kätzchenblüten sowie noch geschlossene Blattknospen

Im Februar beginnt im Erlengeäst der Frühling sich zu regen. Die männlichen Blütenkätzchen strecken und lockern sich, werden fein violettbraun mit goldgelben Tönungen. Beim geringsten Windhauch schwebt der Pollenstaub als sichtbares Wölkchen durch die Luft. Ganz nahe bei den Kätzchenbüscheln sitzen die Knospen der weiblichen Blüten. Sie zeigen schon die rundlich-ovale Form der späteren Frucht – die »Erlen zepfflin«[16], deren vorjährige holzige Hüllen am Baum haften bleiben, mit Vorräten an kleinen flachen, mit Schwimmpolstern versehenen Samen. Die Blattknospen verweilen vorläufig im Ruhezustand unter ihrer schützenden Harzschicht.

Schwarzerlen lieben sumpfigen Moorboden, wo sie selbst stehendes Wasser ertragen. Das orangefarbene Holz »ist luck und die este ganz mürb, lassen sich nit wie ander wasserhöltzer als seilen und weiden biegen oder drehen«.[16]

Schreitet man unachtsam durch einen Erlenbruch, so knacken die abgefallenen Äste unter dem Tritt. »Die so übel zu fus seind, sollen grün Erlenlaub in die schu legen und darauff wandeln, das miltert den schmertzen, seucht aus die hitz und alle müdigkeit«.[16] Erlenblätter sollen Flöhe vertreiben. Am Karfreitag gepflückte und in die Erde gesteckte Zweige halten Maulwürfe und Mäuse fern. Rinde, in Eisen gebeizt, gab eine schwarze Tinte. Pfähle aus Erlenholz dienten als Grundpfeiler für Fundamente, »die blieben ewig in der erden unversehrt«.[16]

Ungewöhnliches Wurzelwerk einer Schwarzerle.
Hagenauer Forst, Unterelsaß

Je nach dem Standort entwickeln Schwarzerlen eine Art Stelzenwurzeln. Bei alten, leider seltenen Bäumen hat das Wurzelwerk erstaunliche Bildekraft. Dicke Wülste, gebogene Arme erinnern an Tier-Fabelwesen, deren Krallen in das Wasser greifen. An den feinsten Wurzelenden sitzen sonderbare Knöllchen, in welchen pilzartige Bakterien – Strahlenpilze –, ähnlich wie die Rhizobien bei den Leguminosen, Stickstoff in Eiweiße umwandeln, wofür sie vom Baum als »Belohnung« Zuckerstoffe erhalten.
Weichholzauwald, in dem Silberweidenbestände und stellenweise kleinere Erlenbrüche vorwiegen, hat etwas Intimes, als sei er ein auf sich selbst bedachter Eigenbrötler. Licht flimmert im Geäst, über ruhigem Wasser und plätschernden Gießen, inmitten von Schilf und Seggen, kaum einige Schritte entfernt vom großen Wald der Hartholzaue.

Schwarzpappel, *Populus nigra* L., mit Efeu, *Hedera helix* L.,
Umfang 3,60 m in Brusthöhe, Efeustamm 20 cm dick (1972)

Im Rheinwald gehört die Schwarzpappel zur Weichholzaue. Sie liebt lockeren, überschwemmbaren Boden, jedoch kein stehendes Wasser. Sie hat eine breite, lichtdurchflutete Krone, ihr Stamm trägt eine rauhe Borke, mit tiefrissigen Streifen und verästelten Strukturen, mit oft dicken Wülsten, »Maserköpfen«, die Büschel von Geäst ausschlagen. Neben Schwarzpappeln kommen einzelne Weiß- und Zitterpappeln vor. »Noch findt man«, schreibt Hieronymus Bock, »auff dem Rhein ein bellengeschlecht, das ist mit holzrinden und gestalt der anderen bellen fast ehnlich, aber das laub ist groeßer [breiter], zarter auff der seiten gegen der erden schneeweiß. Sprossen oder koepfflin werden zu einer koestlichen salbei bereit genannt unguentum populeon.«[16]

Efeu klettert an einigen Stämmen empor mit bis zu 35 cm dickem Schaft. Wie eine borstige Schlange haftet er an der Rinde und erreicht die höchsten Wipfel, ein wahrer Baum im Baume. Sein atlantisch-mediterraner Charakter findet hier in steter Luftfeuchtigkeit die ihm entsprechende Umwelt. Schaden verursacht Efeu dem Baum nur, insofern seine eigene immergrüne Krone derjenigen des Baumes zuviel Licht wegnimmt.

Solch ein kräftiges Gewächs muß ja Heilwirkungen besitzen! Hieronymus Bock behauptet: »Bletter in wein gesotten, der dampf von dieser kochung bewegt die blödigkeit der weiber... Efeubletter gestoßen mit essig und ein wenig rosenwasser dazu genommen ist ein köstlich artznei für das grausame hauptwehe.«[16]

Weil die Schwarzpappel nur geringe industrielle Verwendung findet, wird sie mehr und mehr durch andere Pappelarten ersetzt. Unerbittlich gehen auch diese letzten Naturwaldbäume ihrem Verschwinden entgegen.

Feldulme, *Ulmus campestris* L., mit Waldrebe, *Clematis vitalba* L.
Rheinwald der Sommerley, Erstein, Unterelsaß

Als ich vor mehr als fünfzig Jahren zum erstenmal in das schier undurchdringliche Unterholz des Rheinwaldes einzudringen versuchte, hatte ich das Gefühl, ein verbotenes Heiligtum zu betreten. Ein Dickicht von Schlingpflanzen, meist Waldrebe, bedeckte gedrängt stehende Haselsträucher und Weißdornhecken. Armdicke Seile der Waldrebe hingen aus den Kronen herab – nein, von unten nach oben wuchsen sie, mit unbändiger Triebkraft der Erdenschwere spottend. Im Rheinwald gelangt diese weitverbreitete Liane zu einer Entfaltung, die sonst nur tropischen Schlinggewächsen eigen ist. Mit Mühe fand ich einen Durchschlupf im Pflanzengewirr und stand plötzlich am Fuße einer mächtigen Feldulme. Dicht dabei wurzelte die Waldrebe, ihre ineinander verschlungenen Stengel am Stamm emportreibend. Ein heute nur noch seltenes Bild! Unkenntnis, falsches Beurteilen des Eigenartigen, Zerstörungswille, Mangel an ästhetischem Empfinden führten zur Vernichtung der meisten dieser großen Lianen.

Feldulmen, oder Rüstern, gehören zu den typischen Harthölzern der Rheinwälder, wo sie bis 37 m Höhe erreichen können. Ein Wachstum, das nur außergewöhnlichen, fast subtropischen Faktoren zu verdanken ist: mineralisch reichem, lockerem, periodisch gut getränktem Boden, dazu auch in heißen Sommern feuchter Luft. Die Feldulme kam in der wärmeren Zeit, zwischen 8000 und 5000 vor der Zeitrechnung, an den Rhein, zusammen mit Hasel, Eiche, Linde, Esche, Feldahorn, der hier ebenfalls zum hochstämmigen Baum wird. Auch Holzapfelbäume waren häufig und warfen Massen von kleinen sauren Früchten ab, die den herbstlichen Rheinüberschwemmungen den Namen gaben.

Flatterulme, Brettulme, *Ulmus effusus* Willd.
Wald bei Mittersheim, Lothringen. Umfang 2,50 m in Brusthöhe

In den Uferwäldern am Rhein war auch die Flatterulme vertreten. Sie kam aus den kleinasiatischen und pontischen Steppenwäldern. Mit ihren senkrechten Wurzelbrettern gleicht sie, in geringerem Maßstab, dem afrikanischen Wollbaum. Sie reiht sich harmonisch in die Gesellschaft der Harthölzer und Sträucher, die nur noch an seltenen Standorten die Vielzahl an Arten früherer Bestände aufweisen, mit Traubenkirsche, Hartriegel, Kreuzdorn, Pfaffenhütchen, Schneeball, Geißblatt (elsässisch »Frauezinke«), Berberitze, wildem Hopfen, Liguster (»Hundstriwel«). Im Frühling, bevor das Laubdach dem Boden Licht entzieht, erscheinen Buschwindröschen, Veilchen, Salomonssiegel, Parisette, weite schneeweiße Teppiche des Bärenlauchs, dort blaue Sternhyazinthen, später Waldziest und Maiglöckchen. An den Steilufern der Gießen stehen die immergrünen Stengel des Hartheus, das früher als Putz- und Poliermittel für Küchengeschirr und Möbel geschätzt war.
Die hier abgebildete Flatterulme aus den feuchten Eichenwäldern Lothringens dürfte zu den wenigen Exemplaren gehören, die solche markanten »Bretter« aufweisen.

# BÄUME DER EBENE UND DER VORGEBIRGE

Stieleiche, *Quercus pedunculata* Ehrh.,
etwa 200 Jahre alter Einzelbaum.
Riedlandschaft bei Weyersheim, Unterelsaß

*Stieleiche, Esche und Ulme bilden den Hauptbestand der Hartholzaue der Niederungen. In der Ebene gesellen sie sich, besonders die Stieleiche, mit Hainbuche, Linde, Ahorn und vor allem Waldkiefer und erscheinen in vielen Varietäten des mittel- und westeuropäischen Mischwaldes. Die Steineiche zieht die warmtrockenen unteren Gebirgslagen vor. Die Buche liebt das ozeanisch beeinflußte Klima und gedeiht zur besten Holzproduktion bis in die mittlere Bergregion. Birken sind anpassungsfähig und fast überall zuhause. Die Waldkiefer, ursprünglich auf trockenen, sandigen oder auch moorigen Böden heimisch, wurde in fast sämtlichen Wäldern eingeführt, wo sie örtliche Variationen entwickelt hat. Unter den Begleitern seien die (Wild)-Obstbäume und der volkstümliche Holunderstrauch, der zum Baum werden kann, hervorgehoben.*

Eine Eiche zeigt ihre schönste Gestalt, wenn sie sich in freier Landschaft entfalten kann. Solchen Eichenveteranen begegnen wir in einer vom Menschen gestalteten Umgebung, an Wegkreuzungen, im gelichteten Hochwald, bei Bauernhöfen, an Feldwegen, besonders aber auf Riedwiesen in den Niederungen, als letzten Vertretern lange gerodeter Wälder. Sie wurzeln tief, das Grundwasser suchend, neben alten, mit Seggen und Sumpfflora bewachsenen Gräben. Viel zahlreicher waren solche Eichen noch vor 30 Jahren, oft begleitet von hohlen Kopfweiden und abgerundeten Grauweidenbüschen. Die meisten Solitärbäume mußten den Traktoren weichen, auf den entwässerten Wiesen wurde Mais angepflanzt. Der allgemeine Rückgang der Eichen, besonders der Althölzer, liegt nicht zuletzt an der holzwirtschaftlichen Nutzung. Schon im 17. Jahrhundert, unter Ludwig XIV., forderte der Bau eines mit 74 Kanonen bestückten Schiffes nicht weniger als 2000 hundertjährige Eichen![22] Die Produktion von Unmengen Hausgebälk (wie schön sind unsere Fachwerkhäuser!), Eisenbahnschwellen, Möbeln, zehrte gründlich an den Beständen. Dazu kam eine gewisse Verdrängung der Eichen durch Waldkiefer, Fichte, Buche, dann die Verkürzung der Umtriebsperioden, nicht zuletzt die Verschlechterung der Boden- und Grundwasserverhältnisse. Auch Klimaschwankungen mit häufiger auftretenden Kältespitzen können die Evolution von Eichenbeständen beeinflussen.

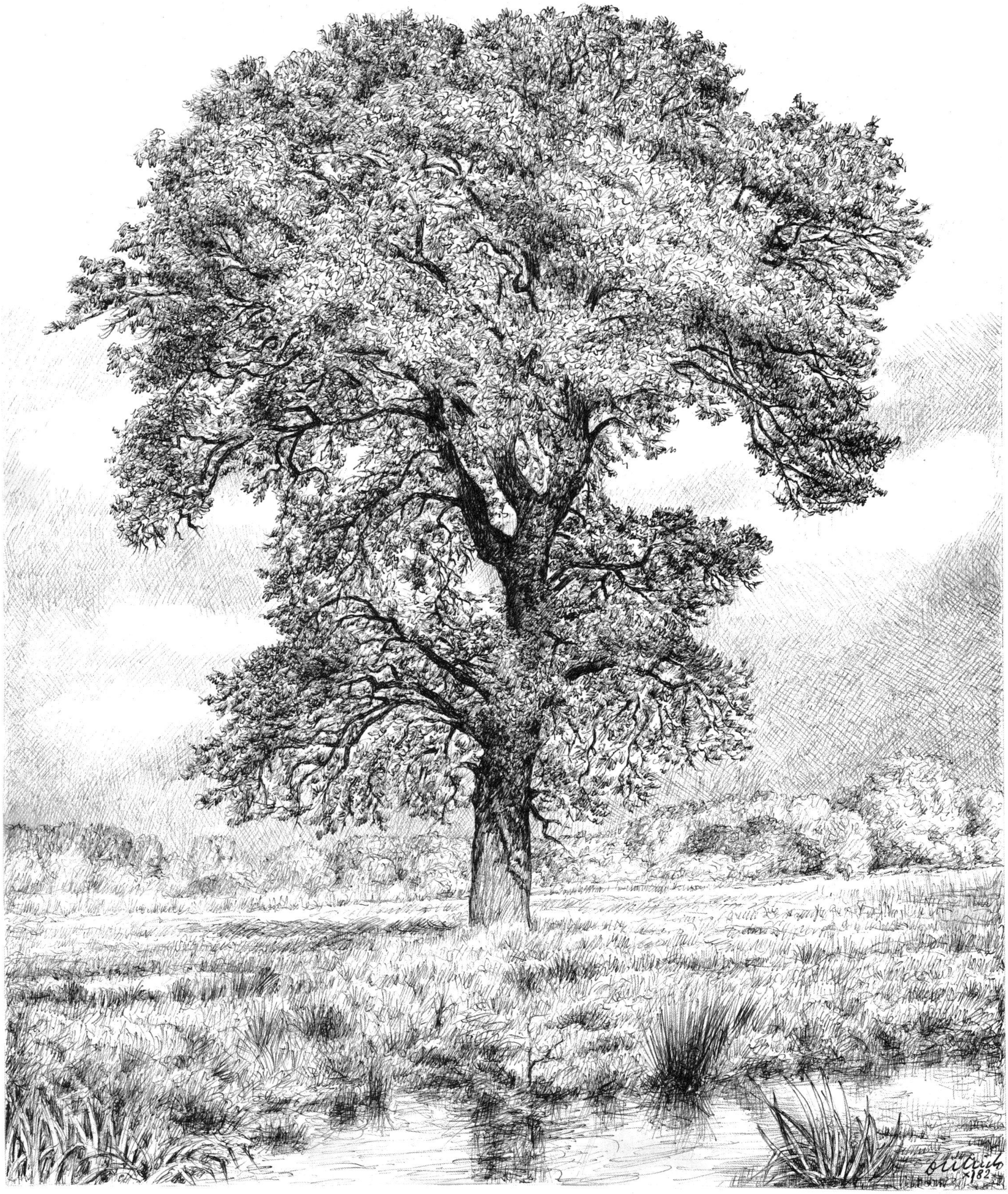

Stieleiche »am Maibächel«, La Petite Pierre-Lützelstein, Unterelsaß. Umfang 7,15 m

In Europa waren Stieleiche, Steineiche, im Süden die Flaumeiche die waldbildenden Bäume zu einer Zeit, da der Mensch anfing, seine Heimat zu gestalten. Das geschah etwa während der boreal-atlantischen Zeit (8000–2000 v. Chr.). Durch ihre überwältigenden Ausmaße, ihre Langlebigkeit und viele nutzbringende Eigenschaften erschien die Eiche den Siedlern als eine wohlwollende Gottheit. Wie kein anderer Baum hat sie sich tief in das menschliche Wesen eingeprägt. Von Germanien bis nach Indien, von Italien bis nach Palästina waren Eichen der höchsten Gottheit geweiht und Gegenstand unzähliger Rituale und Zeremonien[17], die sich später noch in Marienkulten offenbarten. So gab es im Elsaß bei Wittenheim (Sundgau) eine Marien-Eiche: Hirtenknaben sahen einen Eichbaum in Flammen stehen, als ein Marienbild im Stamme erschien. Die Stätte wurde zum Wallfahrtsort erwählt und galt besonders den Frauen, die um eine glückliche Schwangerschaft beteten.[19]

Fünfhundertjährige Eichen sind sowohl in Deutschland (Spessart, Bayerischer Wald) wie auch in Frankreich[20] keine Seltenheit. Viele stehen unter Denkmalschutz.[21] Erwähnt seien die tausendjährige Eiche von Allouville-Bellefosse (Seine Maritime), Umfang 9,80 m, mit zwei übereinanderliegenden Kapellen[20], ferner die Arbogastus-Eiche im Hagenauer Forst, unter welcher der hl. Arbogast, Bischof von Straßburg, gelebt haben soll (gest. 678). Vor fast 60 Jahren sah ich den Baum noch mit grünenden Ästen. Die tote Stammruine mißt noch 6 m im Umfang, sie ist durch Eisenbänder und Beton eingeengt.

Hieronymus Bock schreibt: »Eychenlaub in wein gesotten und gedruncken stillet gewißlich alle bauchflüß, desgleichen der weiber blödigkeit und den fluß gonorrhoeam, befestigt die zän, vertreibt den stein.«[16] – Früher wurden Jungeichenbestände alle 12 bis 15 Jahre geschält. Aus der gerbsäurereichen Rinde braute man die Lohe zur Lederbereitung.

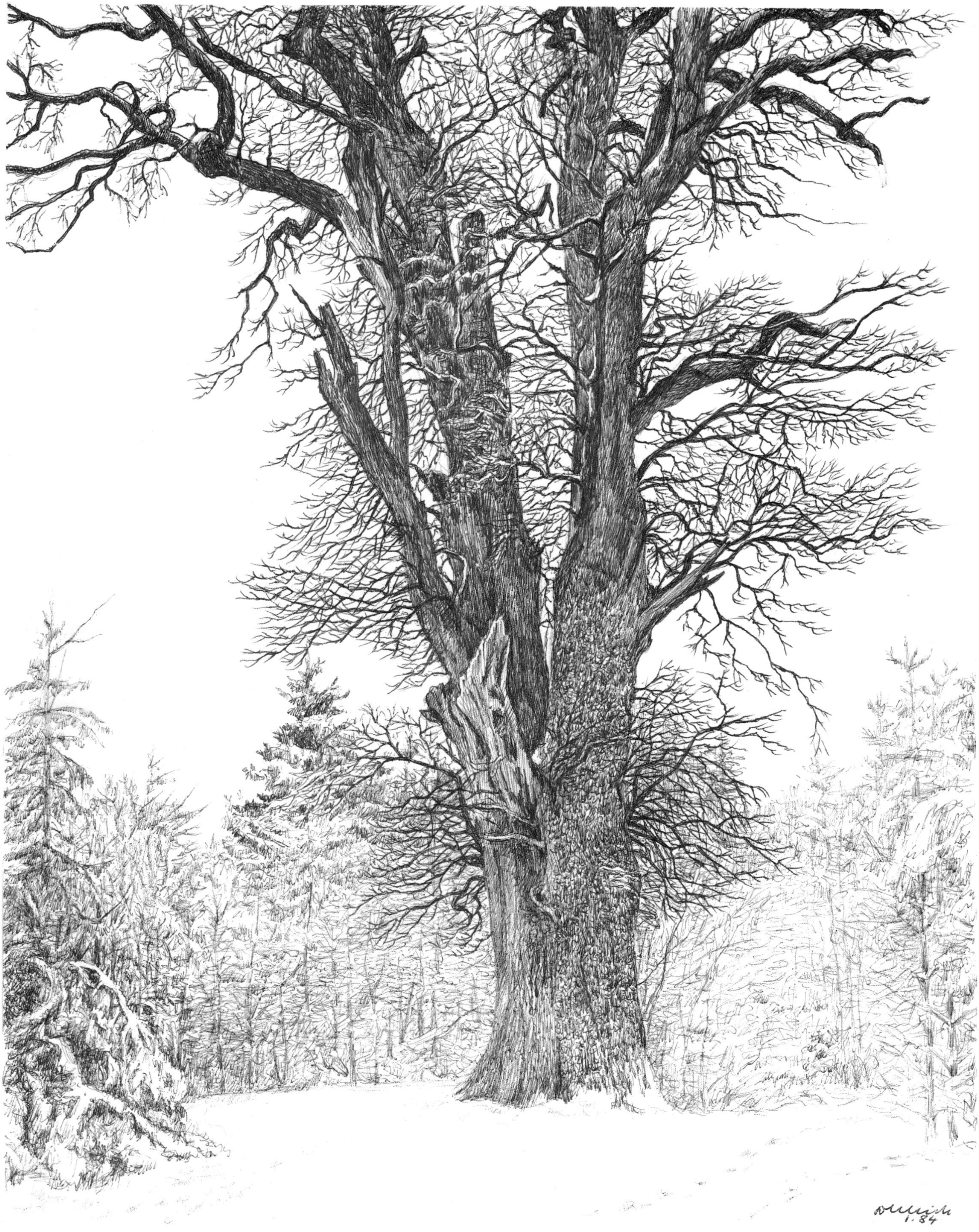
1.84

Borke einer alten Stieleiche

»Dieses Gewächs gleicht dem Menschen, es hat seine Haut, das ist die Rinde«, schreibt Theophrastus von Hohenheim (1493–1541), genannt Paracelsus.[23] Von alters her fand die »Haut« des Baumes vielartige Verwendung. Sie diente dem Menschen zur Kleidung, lieferte ungezählte Stoffe zum Gerben und Färben, zu Heilzwecken, Aromatisieren von Nahrungsmitteln, zur Schönheitspflege. Rindenbekleidung bot Schutz gegen Kälte. Der indische Gott Shiva trug ein Rindenkleid. Indische Waldbrüder bedeckten ihren Körper mit Rinde, um ihre Reinheit zu bewahren.[17]
Jede Baumart besitzt ihre eigene »Haut«. Wie ist es möglich, daß die Borke, eine an sich tote Materie, so mannigfaltige Aspekte annehmen kann? So grundverschieden Birke und Eiche erscheinen, gegensätzlich wie Lichtbeschwingtheit und wuchtige Schwere, so bestehen doch bei beiden die gleichen Funktionen der Festigung, der Wasser- und Nährsalzbeförderung, der Speicherung organischer Stoffe. Beide bergen eine Wachstumsschicht im Kambium-Mantel, der nach innen Holz, nach außen Rinde produziert, ein ungemein dauerhaftes, wasserdichtes Material, gefeit gegen Hitze, Stöße, Insekten. Bei vielen Baumarten reißt diese Korkschicht und verdickt zur Borke. Wundersam erscheint, daß die lebenswichtigen Atmungsöffnungen in der Tiefe der Borkenrisse offen bleiben. Dicke, rauhe Borkensträhnen gleichen einem erkalteten Lavafluß, dessen zähe Masse aus dem Erdreich drang. Gesetzmäßiges Walten modelliert diesen Baum als Eichbaum in seiner bestimmbaren Art.

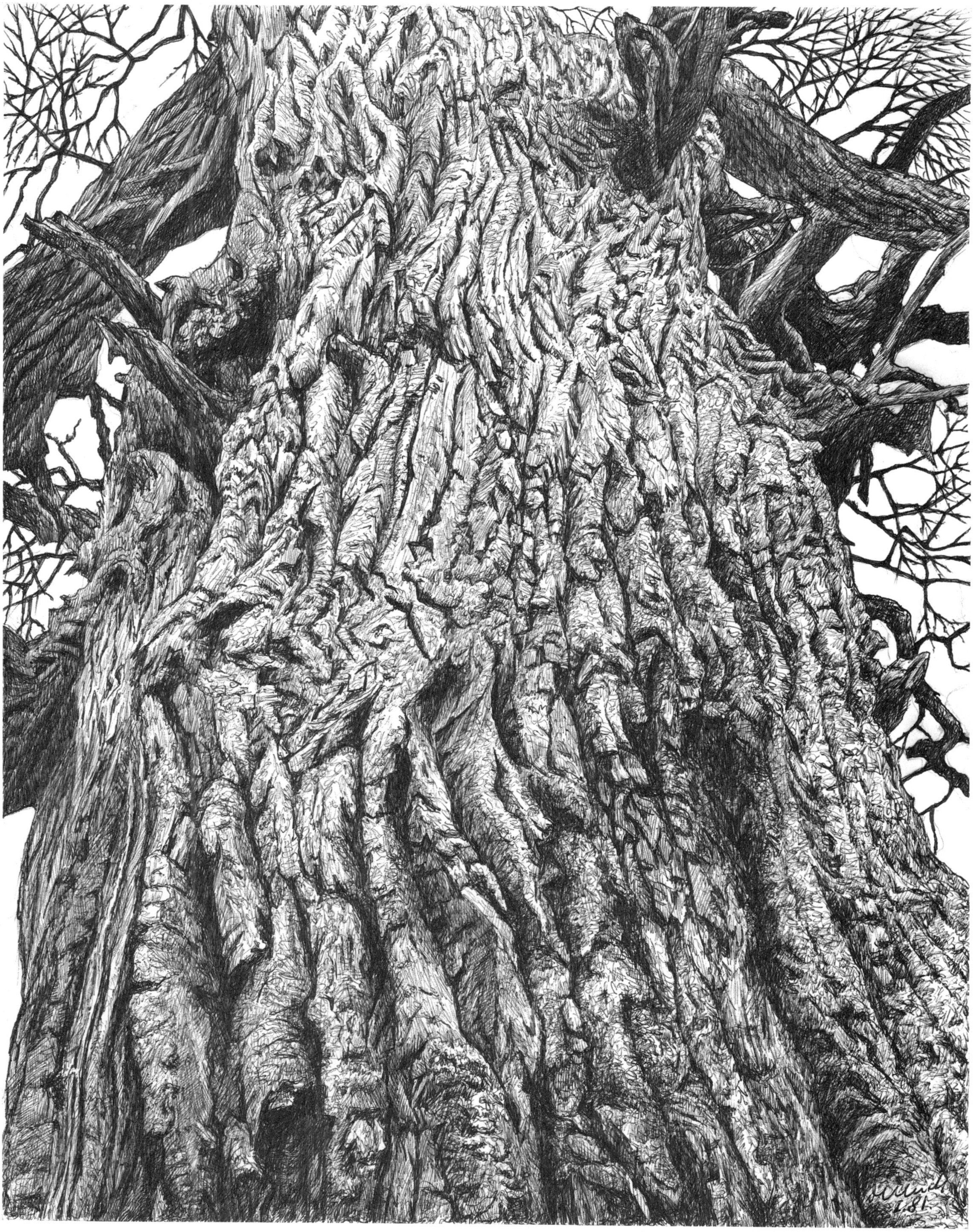

Keimende Eichen

Schon im Samenkorn, ja im winzigen Pollenstaub finden wir das Arteigene erscheinungsbildlich geprägt. Wie unendlich verschieden sind die Früchte unserer Waldbäume, die jedoch alle nach dem gleichen Prinzip entstehen, der Vereinigung einer Ei- und einer Spermazelle. Bei allen zeigt das Embryo die Hauptorgane des Baumes: Keimwurzel, Keimstengel und Keimblätter (von Goethe Kotyledonen genannt). Alles andere Dazugehörige, also Samenhülle, Nährgewebe ist Beiwerk und artverschieden. Ganz anders wirkt auf unser Gefühl, unseren Sinn für die Wirklichkeit der Anblick einer Eichel als der eines Wildapfels, die oft beieinander auf dem herbstlichen Waldboden liegen. Kommen wir im folgenden Frühling an dieselbe Stelle zurück, so finden wir keinen Holzapfel mehr, doch von den Eicheln haben etliche zu keimen angefangen. Durch Quellung aufgeplatzt, lassen sie die abgestoßene, holzige Kapsel sowie die beiden rötlich gefärbten dicken Keimblätter erkennen. Schon hat sich die Keimwurzel in der Erde verankert, während der obere Keimstengel sich anschickt, die ersten Blattanlagen in die Höhe zu treiben. Die nährstoffreichen Keimblätter, die eigentliche Eichelnuß, bleiben in zwei Hälften gespreizt am Boden liegen (hypogäische Keimung), im Gegensatz zu andern Keimlingen, die ihre Keimblätter hochtreiben (epigäische Keimung), da diese keine Nährstoffreserven besitzen und angewiesen sind, zuerst Chlorophyll und damit Nährstoffe zu fabrizieren. – Manche Eicheln liegen noch im Ruhezustand, andere sind schon zu größeren Keimlingen entwickelt mit mehreren richtigen Eichblättern auf holzigem Stengel. Die noch älteren, schon einjährigen Bäumchen tragen ihre erste verzweigte Krone. Da und dort im Fallaub zerstreut finden wir die Becher, die am Baum die Eicheln trugen. Noch heute kann ich mir nicht verwehren, solchen Becher zwischen Mittel- und Zeigefinger zu klemmen, um schrille Pfeiftöne daraus zu entlocken. – Kugelrunde, braungewordene Galläpfel entdeckt man im Herbstlaub, das sind »lucke Oepffelin darin wachsen auch Maden die werden mit der Zeit, so der Herbst warm ist zu Fliegen und Schnocken«.[16] In der Tat sind Gallen (etwa 700 Arten) durch Insekten verursachte Gewebe, in welchen diese Parasiten Schutz und Nahrung finden.

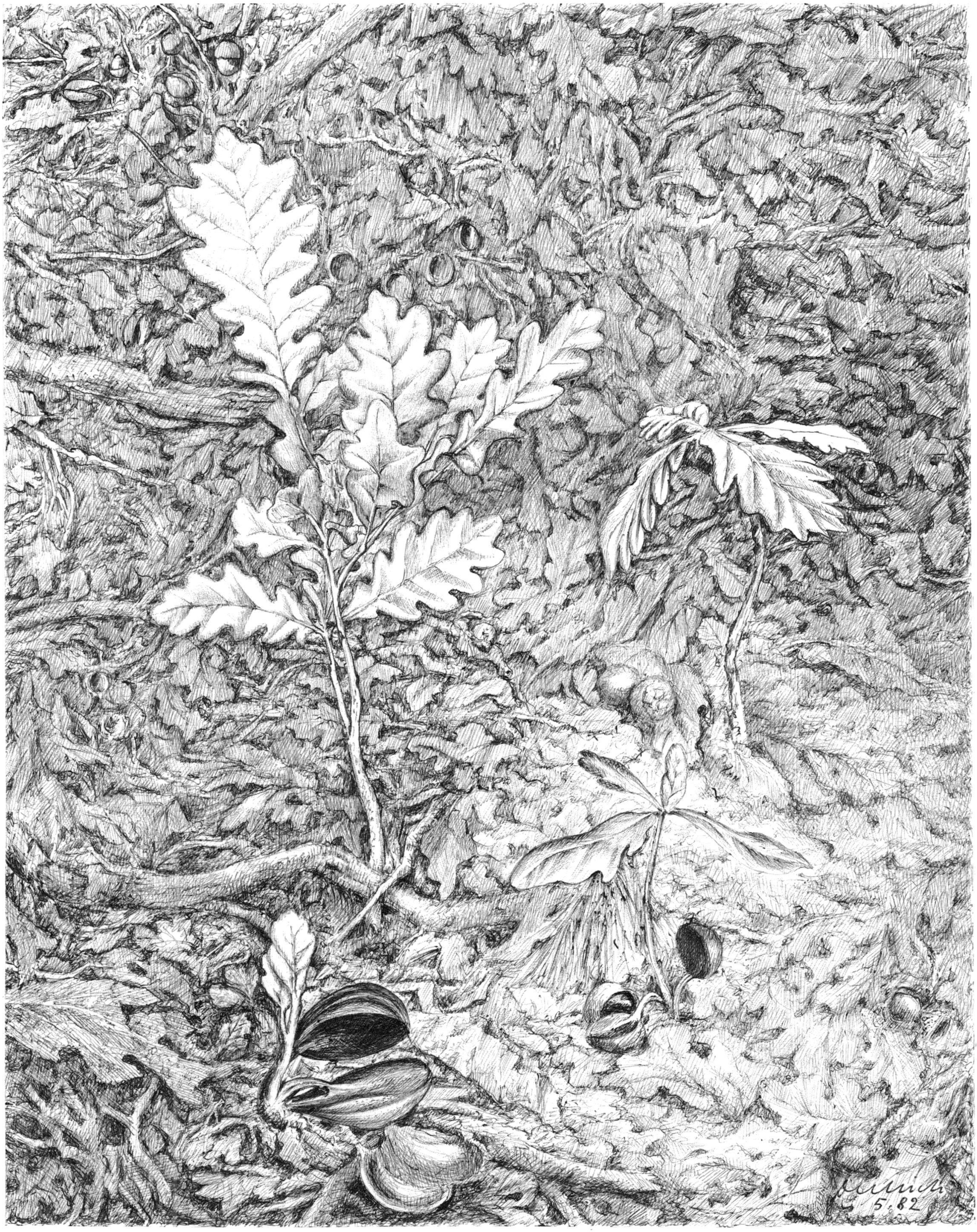
5.82

Blühende Stieleichenzweige

Sommergrüne Eichen wie die Stieleichen erhalten ihre Blätter etwas später als andere Waldbäume, also im Mai. Ihre Blütenanlagen erscheinen bereits im April, und bald hängen die männlichen Kätzchen gebüschelt oder einzeln unter dem noch zarten aufsprießenden Blattgrün. Die Kätzchen sind eher klein im Vergleich mit jenen der Erle, der Birke oder des Haselstrauches. An ihren Stielen haften feine, Pollensäcke tragende Staubblätter. Ganz nahe, aber getrennt von ihnen sitzen in den Blattachsen die weiblichen Blüten, flaschenähnliche Knoten oder Stempel, in welchen die Samenanlage geborgen liegt. Als Windblüter trägt der Stempel einen langen, mehrteiligen Griffel mit klebriger Narbe, eine Disposition, die die Wirksamkeit dieser Pollenfalle absolut garantiert in Anbetracht der Myriaden von Spermakörnchen, die der Wind heranführt. Als geniale Einrichtung besteht im übrigen eine parallele oder doppelte Befruchtung, bei welcher die eine das Embryo – den späteren Baum –, die andere das Nährgewebe der Eichelnuß entstehen läßt.
Welcher Naturfreund denkt beim Anblick eines ehrwürdigen Eichbaums an das Wunder des Generationswechsels, das Jahr für Jahr, über viele Menschenleben hinweg, hoch oben im kleinsten Ästlein sich unentwegt vollzieht?

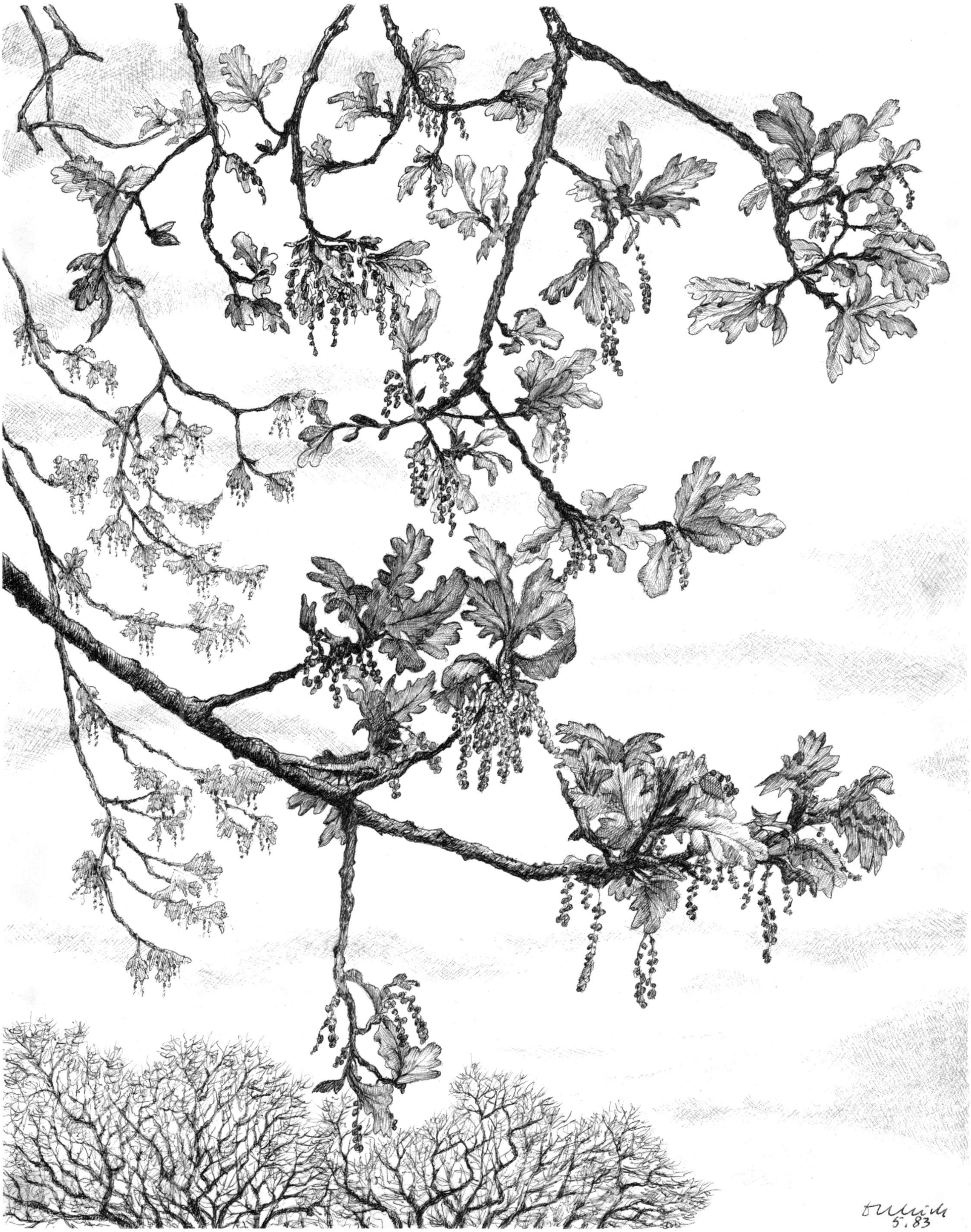
5.83

Esche, *Fraxinus excelsior* L.,
im Park der Solitude bei Stuttgart

In Gesellschaft des Eichenmischwaldes kam die Gemeine Esche oder Steinesche um 4000 v. Chr. aus mediterranen Refugien in unsere Landschaften. Sie verlangt viel Licht, feuchten, durchlässigen frischen Boden, temperiert warmes Klima. Das alles sind Bedingungen, die sie sowohl in den Hartholzauwäldern der Flußufer als auch in Gebirgstälern und an Hängen – »an steinichten rechen« –[16] vorfand. Jahrhundertealte Ausbeutung machten alte Eschen zu Seltenheiten. Von Sturm und Axt verschonte Exemplare, deren Stammdurchmesser einen Meter übertrifft – wie die prächtige Esche vom Hierahof bei Saig im Hochschwarzwald –, sind wirkliche Naturrelikte.
Schon Ende März fängt die Esche zu blühen an, von weit erkennt man am nackten Geäst die dunklen, rotbraunen Knäuel der kelchlosen Blütenstände. Das harte, elastische Holz wurde zu vielen Zwecken verwendet. »Schoene tisch und küchengeschirr, desgleichen die lange spieß, die hat Achilles zum ersten aus eschernholtz bereit.«[16] Auch als Bogenholz, in neuerer Zeit zur Skiherstellung, war es geschätzt.
Wundersame Eigenschaften sollen sich in der Esche verbergen. »Dieser baum hat das lob, das er kein schlangen umb sich leidet. Darumb mag man eschernholtz und rinden für schlangengift brauchen.«[16] Daß es zu jener Zeit auch schon fette Jahre und wohlbeleibte Leute gab, beweist der Ratschlag unseres gelehrten Altbotanikers: »Wenn man eschernlaub zerstoß und etliche Zeit den ausgedruckten safft mit wein drincket, das soll die feisten leut mager machen in kurtzer zeit.« Er fügt hinzu: »Ich habs nit versucht, bedarffs auch nit, doerfte wol das ich das gegentheil brauchte.«

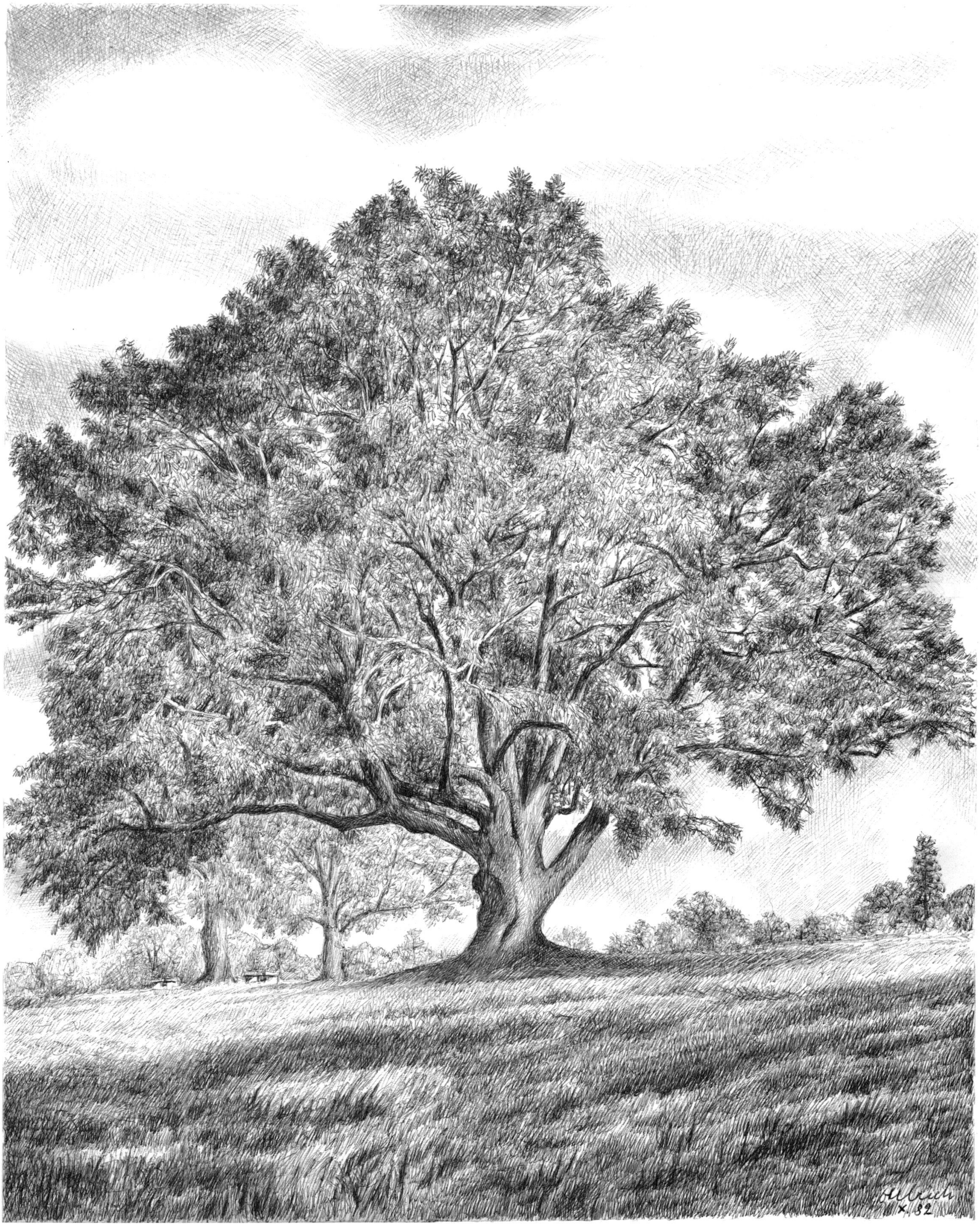
x. 82

Gemeine Esche am Hierahof bei Saig, Hochschwarzwald.
Umfang 6,35 m, ca. 300–400 Jahre alt

Aus traumhaftem Denken entsprungene mythologische Betrachtungen galten bei nordisch-germanischen Völkerstämmen mehr noch der Esche als der Eiche. Odin, Hoenir und Lodhur schufen den Menschen aus Eschenholz und nannten ihn Ask, das zugleich Mensch und Esche bedeutet. Sie ist der kosmische Baum Yggdrasil, von welchem alle Kreatur kommt. Als himmelstrebende Säule war die Esche dem Gott Irmin geweiht. Drei Nornen begießen die Weltenesche mit dem Wasser von Urds Brunnen.[24] So wird sie die Quelle aller Ströme und Schicksale, Ursprung aller Weisheit. Elfen wohnen in ihren Ästen, während drei Tiere Wache halten: ein goldener Hahn, ein Falke und ein Eichhörnchen. Wenn die Götter zu Gericht sitzen, versorgt eine Ziege Odins Krieger mit Milch. Doch eine Schlange bedroht den Baum, Hirsche fressen seine jungen Triebe. Aller Gefahr zum Trotz wird er zum Symbol der Fruchtbarkeit und der Unsterblichkeit.[25] Für die Rifkabylen ist die Esche der erste Baum der Schöpfung und ausschließlich der Frau gewidmet. Sollte ein Mann es wagen, eine Esche zu pflanzen, so würde in Kürze ein männliches Familienmitglied sterben.[26]

Aus einer einzigen Zelle, aus winzigem Keimling entstand ein imposantes Pflanzenmonument. Urwüchsiges Streben nach Licht und Raum könnte noch lange weiterdauern, denn teilungsfähige Zellen bleiben selbst beim absterbenden Baum noch wirksam. Jedoch eine optimale Baumgestalt gibt es bei jeder Art vielleicht nur im Freistand.

Esche vom Hierahof
8/81

Hainbuche im Frühlingslaub, *Carpinus betulus* L.,
Wald bei Weyersheim.
Dieser schöne Eichen-Buchen-Hainbuchenmischwald
muß einer Kiesgrube weichen

Hainbuchen betrachte ich als besonders hartnäckige Eindringlinge, deren rasche Verbreitung zum Teil wohl auf alter waldwirtschaftlicher Nutzung beruht: »Charbonnette« – Brennholz war nämlich auf dem Dorfe sehr begehrt. Der Name erinnert an die früheren Kohlenmeiler, die allenthalben in den Vogesen Spuren hinterlassen haben.
Die Hainbuche kam im Atlantikum, nach 5000 v. Chr., aus dem süd-östlichen Europa in die trocken-warmen Standorte der Ebene und der Gebirgshänge. Unmengen ihrer geflügelten Samen treibt der Wind weit dahin. Im Unterholz, an Wegrändern gehen sie als Heckengebüsch auf, daher der Name »Hac«, Hagebusch, im Elsässischen »Hajebueche«. Der junge Stamm, in der Jugend buchenähnlich hellgrau und glatt, bildet im Alter Längsfalten und Wülste. Selten wird der Baum gerade und hoch, seine Äste reichen oft bis in Bodennähe. Alte Hainbuchen gibt es kaum mehr, das ist schade, denn welch eigenwillige Mischung knorrig-zäher Verdichtung und heller Lichtfreudigkeit!

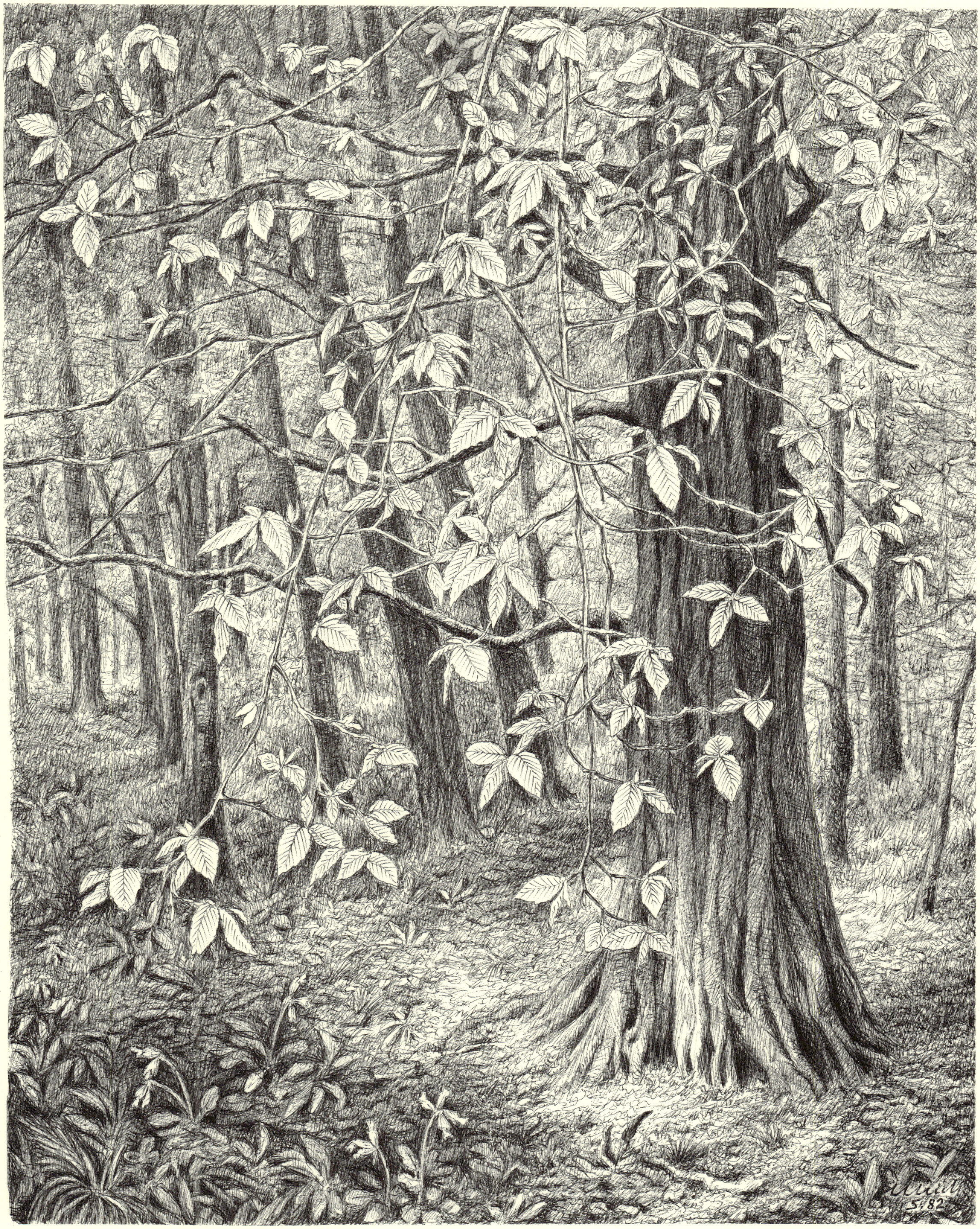
5.82

Blühender Hainbuchenzweig

Im ersten Frühling sprießen am lockeren Gezweig fein gezahnte Blätter, unter denen langgestielte Kätzchen pendeln, die im Gegenlicht die schönsten Spiele von Hell und Dunkel und Bewegung hervorzaubern. »Die Vogelszungen, und solches ist der samen, die treiben den harn und helffen den schwachen auf die geül, dann sie strecken (in den speisen genossen) die menschliche natur, sagen die Araber.« Keine Holzart ist so hart, »wurt derohalben zu spindel, zu schrauben und zu den kampfredern in den mülen erwölet«[16], ferner noch zu Werkzeug, Stielen und – Klaviertasten. Als Schutz vor dem bösen Blick wird geraten, einen gegabelten Hainbuchenstock mitzunehmen.

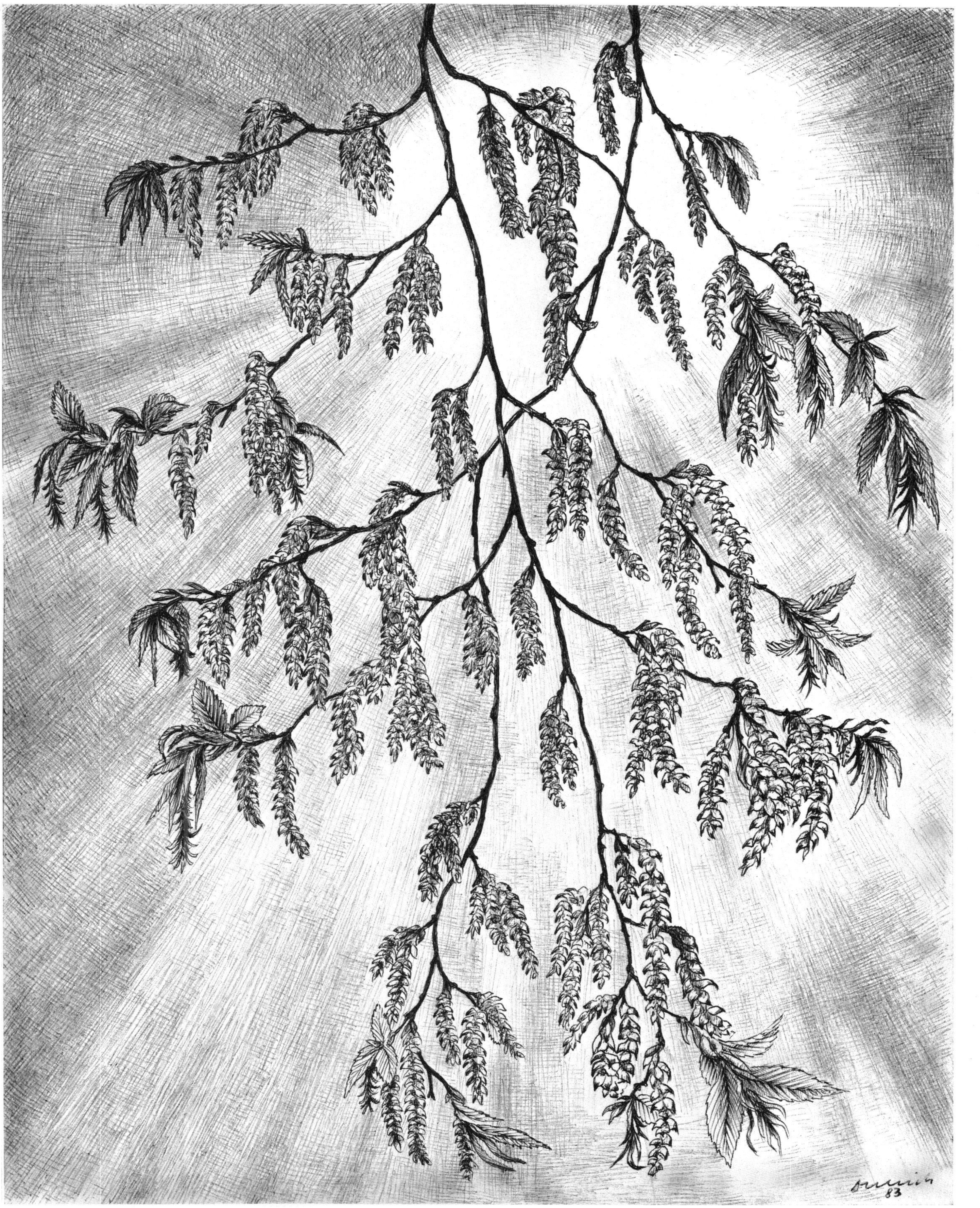

»Hindenburglinde«, *Tilia platyphyllos* Scop.,
bei Ramsau, Berchtesgadenerland. Umfang 15 m, Alter 1000 Jahre.
Kronendurchmesser 35 m

Kein anderer heimatlicher Baum übertrifft den Lindenbaum in der Zahl der Gedichte, die ihn in wehmütiger Romantik oder sehnsuchtsvoller Schwärmerei besingen. Eine Zuneigung, die verständlich wird, wenn man weiß, daß die Linde ein ganz bevorzugter Baum war, der in jeder Dorfgemeinde, auf Bauernhöfen, bei Kirchen und Kapellen seinen Ehrenplatz einnahm. In früheren Zeiten schon trat die Linde mit der Eiche in Konkurrenz. Sie war mit dieser als verbreiteter Waldbaum während der feuchtwarmen atlantischen Periode eingewandert. Als schön blühender, süß duftender Baum hat sie gewiß einschmeichelnd, ja betörend auf das menschliche Gemüt gewirkt. Die Eiche konnte wohl das Mächtige, nicht aber zugleich das Feine, sinnlich Bezaubernde darbieten. So wurde die Linde zum tausendjährigen Wahrzeichen der Erinnerung an gemeinsam erlebte fröhliche Tage, aber nichtsdestoweniger auch an schlimme Zeiten, an strenges Gericht. Holla, der unterweltlichen Göttin germanischer Stämme, waren die Grenzen heilig und die Linde. Nach vorangegangenen Opfern wurde unter ihr Gericht gehalten. Bei den Baumkulten führt Karl Simrock als Opferbaum auch »eine Blutlinde zu Burgfreienstein bei Wiesbaden« an.[24]

Hindenburglinde bei Ramsau

Sommerlinde beim Dompeter zu Avolsheim, Unterelsaß.
Umfang 6,60 m, Höhe 18 m. Alter 600–700 Jahre

Als heiliger Baum war die Linde auch der Liebe und der Fruchtbarkeit geweiht, sie galt als Symbol der Treue und Freundschaft. Eine am Fuße einer Linde entspringende Quelle besaß heilsame Eigenschaften. An dem Lindenbaum erlebte man einen Schutz gegen alles Böse. Bei Siegfried jedoch blieb die schützende Wirkung aus: Das Lindenblatt, das zwischen seine Schultern gefallen war, als er sich mit dem flüssigen Horn des von ihm getöteten Drachen bestrich – um wissend und unbesiegbar zu werden –, verhinderte die Unverwundbarkeit. Hagen von Tronje, der Gefolgsmann des burgundischen Königs Gunther und Brunhilds, traf ihn mit seinem Speer tödlich.
Lange nachdem sich der Mensch aus seiner mythischen Verbundenheit mit der Natur gelöst und seinen Blick für größtmöglichen Eigennutzen mehr und mehr geschärft hatte, sah er die Linde nur noch als Waldbaum mit einem weichen, wenig interessanten Holz, und sie mußte anderen Arten, Buchen, Tannen, Fichten, Föhren, weichen. Das galt für beide Lindenarten, Sommer- und Winterlinde, die weder in wirtschaftlicher Hinsicht noch auf schöngeistigem Gebiet unterschieden werden. Hieronymus Bock hält die Sommerlinde für den »zamen«, die Winterlinde für den »wilden Lindenbaum«, dessen »laub und bluemlin klein sind, und findet man in finstern hohen waelden im Wachsgaw«[16].

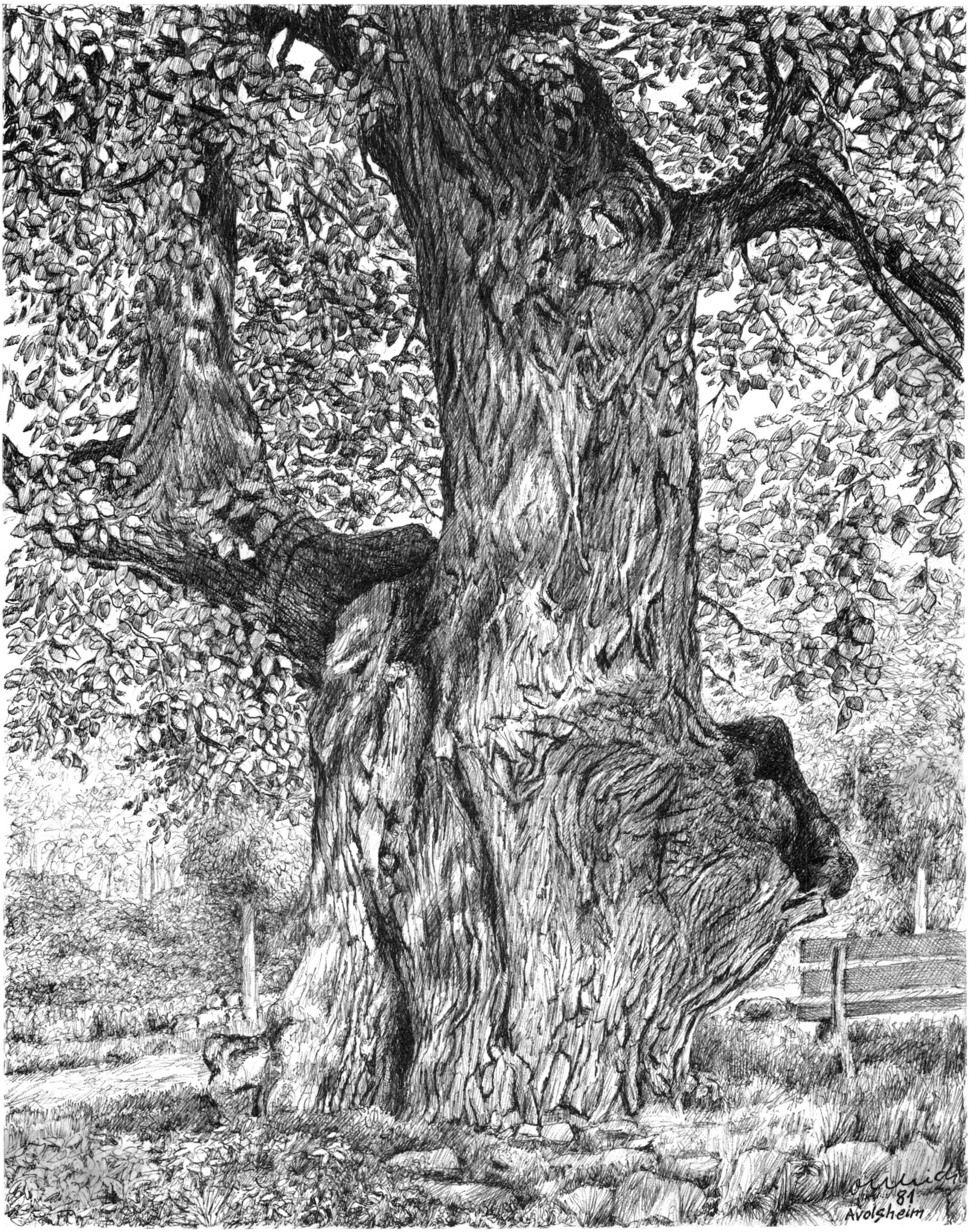
81
Avolsheim

Sommerlinde auf dem Dorfplatz von Hohenbodman,
bei Owingen, Landkreis Bodensee.
Umfang 10 m, Alter ca. 700 Jahre

Heute begegnet man außerhalb der Wohngebiete Linden vereinzelt in manchen Waldbeständen, auf lichten Berghängen oder Weidegründen, auch als Straßenbäumen. Die großblättrige Sommerlinde gehört eher zum Mischwald der Ebene, sie kann im Mittelgebirge bis zu 1500 m Höhe steigen. – Lindenholz gibt ein gediegenes Schnitzmaterial, viele der romanischen und gotischen Plastiken wurden aus Lindenholz herausgearbeitet. Als im Spätsommer 1940 im Elsaß die berühmten Surburger Linden zerschossen am Boden lagen, hob ich einen Splitter auf und fertigte damit einen kleinen Gegenstand zur Erinnerung an dieses Naturdenkmal an der Straße zwischen Hagenau und Weißenburg. Lindenholz wird in der Heilkunde als Kohlepulver zur Behandlung von Magen-Darmstörungen angeordnet. (Es diente übrigens auch einmal als Schießpulverbestandteil, »dadurch land und leut verderbt wurden«... »also kann man artznei und gifft von einem gewechs bereiten«.[16]) Ein Absud aus Rinde und Blättern gilt als gutes Wundmittel. Der Saft gekochter Blätter hilft bei Blutarmut. Doch nichts übertrifft die Beliebtheit der Lindenblüten. Als Kinder wurden wir förmlich überschwemmt von diesem wohlschmeckenden »Tee« aus selbstgepflückten Blüten. Besitzen heute diese Blüten noch ihren reinen, durch keine Abgase verseuchten Eigenschaften? Tausende von Bienen scheinen das zu bejahen, sie summen in den Lindenkronen, Pfauenaugen umflattern die Blütenbüschel, Taubenschwänzchen und windige Schwärmer sausen umher, vom ätherischen Duft berauscht. Hieronymus Bock behauptet, daß »Lindenbluet den bienen nit zum besten sei«. Doch schätzt man den Honig, wenn man seinen fast tropisch anmutenden Geschmack liebt.

Linde in Hohenbodman

Weiß- oder Warzenbirken, *Betula verrucosa* Ehrh.,
auf sandig-felsigem Boden eines Hügels
der Forêt de Rambouillet bei Paris

Unmittelbar nach dem Ende der letzten Vereisung, vor 10000 Jahren, drang die Birke aus Südwesten in unsere noch öden Tundrenlandschaften ein. Als Pionierbaum war ihr der Standort gleichgültig, sie gedeiht ebensogut auf sandig-trockenen als auch auf moorig-durchnäßten Böden, denn sie ist je nach Bedürfnis fähig, ein tiefes Herz- und Senkerwurzelsystem oder weit ausholende Oberflächenwurzeln zu bilden. Ihre geschmeidigen Hängezweige reagieren auf feinste Luftbewegungen, deshalb der Beiname »pendula«. Ihr ganzes Wesen huldigt dem Licht: helles Blattwerk, schneeweiße, glatte Borke, daher der andere Beiname »alba«, Weißbirke, wenn auch im Alter eine krustige, schwarze Borke besonders den unteren Teil des Stammes befällt, was ihr einen dritten offiziellen Beinamen, »verrucosa«, die Warzige, einbrachte. Birken wachsen schnell. Ein von mir gepflanztes, meterhohes Bäumchen brachte es in 25 Jahren auf 40 Zentimeter Durchmesser. Doch viel mehr als hundertjährig wird die Birke kaum. – Trotz zarten Aussehens und Wärmebedürftigkeit ist die Birke gegen stärksten Frost gefeit, weil ihr Saft konzentriert Mineralsalze und Zuckerstoffe enthält. Von alters her wurde dieser Birkensaft, auch die jungen Blätter, zu Reinigungskuren gebraucht. Im Mittelalter braute man daraus Bier und Wein. Aus der Rinde gewann man Teer und ein Öl zur Ledergerbung und zu äußeren Behandlungen von Gelenkkrankheiten und Kretze. Das Zittern der Birkenblätter galt als eine ähnliche Erscheinung wie nervöses Zittern, die Blätter wurden also bei diesem Symptom als Gegenmittel angewandt. In Ruderbach (Oberelsaß) schenkte man dem heiligen Sigismund Birkenbesen, in der Absicht, bettnässende Kinder zu heilen. »Birkenreiser für den schulen die braucht man zu den ongehorsamen kindern«, das ist die nüchterne Praxis des Hieronymus Bock.

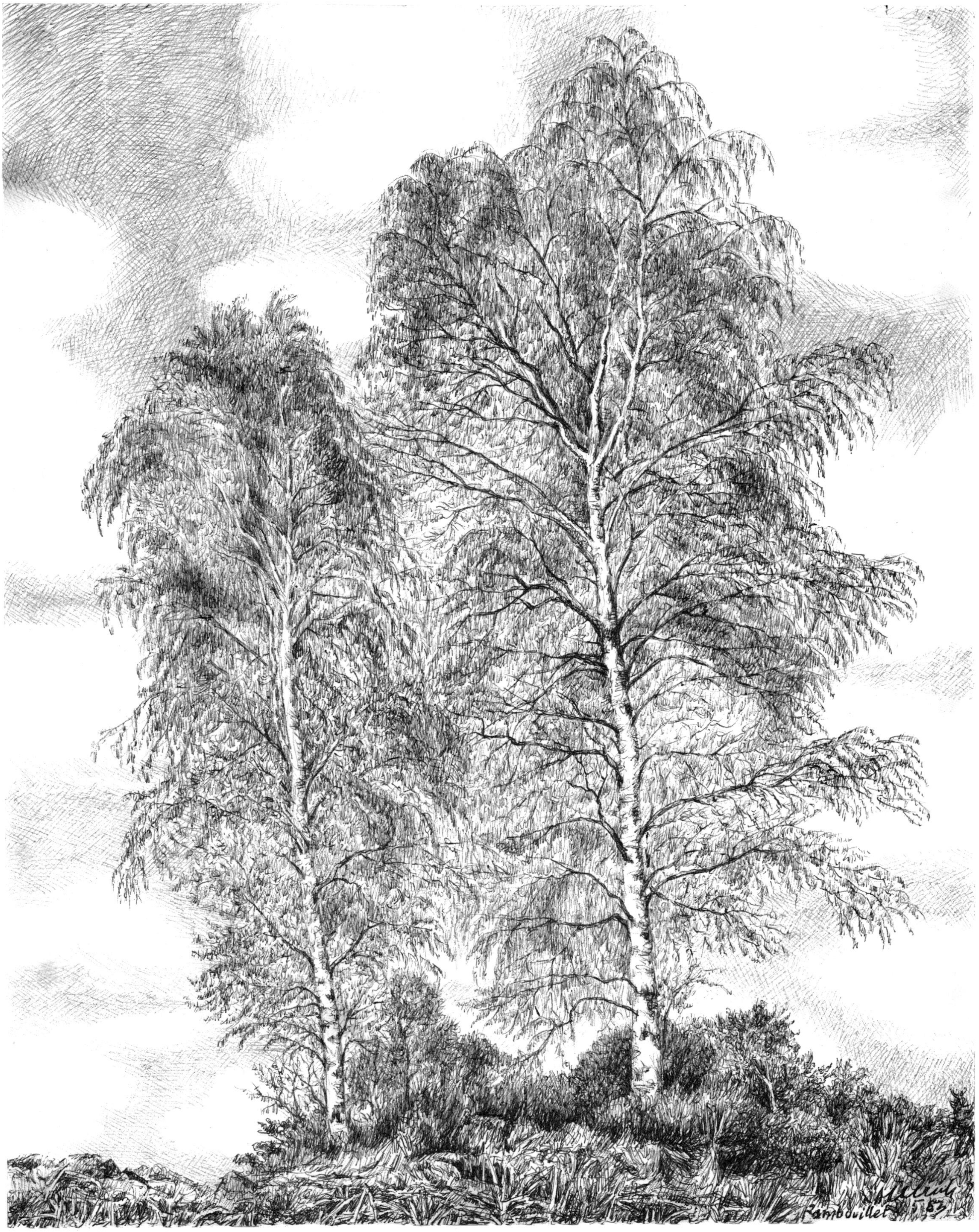
Rambouillet

Stamm einer 40jährigen Weißbirke

Überall, wo es Birken gab, war dieser Baum von Mythen umwoben und Gegenstand altüberlieferter Gebräuche. In germanischen und slawischen Ländern galt die Birke als verehrenswerte Persönlichkeit, Symbol des Erwachens der Natur. Ihre Äste behüteten den Bauernhof vor Hexen und bösen Geistern. In der Walpurgisnacht stellte man eine Birke vor den Viehstall: Die Hexen mußten, bevor sie einbrechen konnten, die Blätter des Baumes zählen, was sie beschäftigte, bis das Morgengeläut erklang und sie verscheuchte. Am Liebenherrgottstag verbrannte man Birkenäste, um vom Blitz verschont zu bleiben, zugleich verjagte der Rauch alles Böse. Mit den Ästen eines Maibaumes vertrieb man Kohlraupen und Ratten, aber nur während die Glocken zur Kirche riefen. An bestimmten Feiertagen peitschte man Pflanzen, Tiere und Menschen, um sie zu stärken. Diese Prozedur sollte besonders wirksam sein unter dem Geläut der Weihnachtsglocken.[26]
Wie prächtig ist ein Birkenstamm! Glatte, weiße, leicht gelblich überhauchte Flächen, rauhe, von Spalten und Abgründen zerfurchte Gebirge mit scharfen Graten, Felstürmen und vereisten Gipfeln, Gletscherströmen, Moränen und Geröllhalden... ein Wunder der Täuschung, das die Phantasie zu Bildern beflügelt.

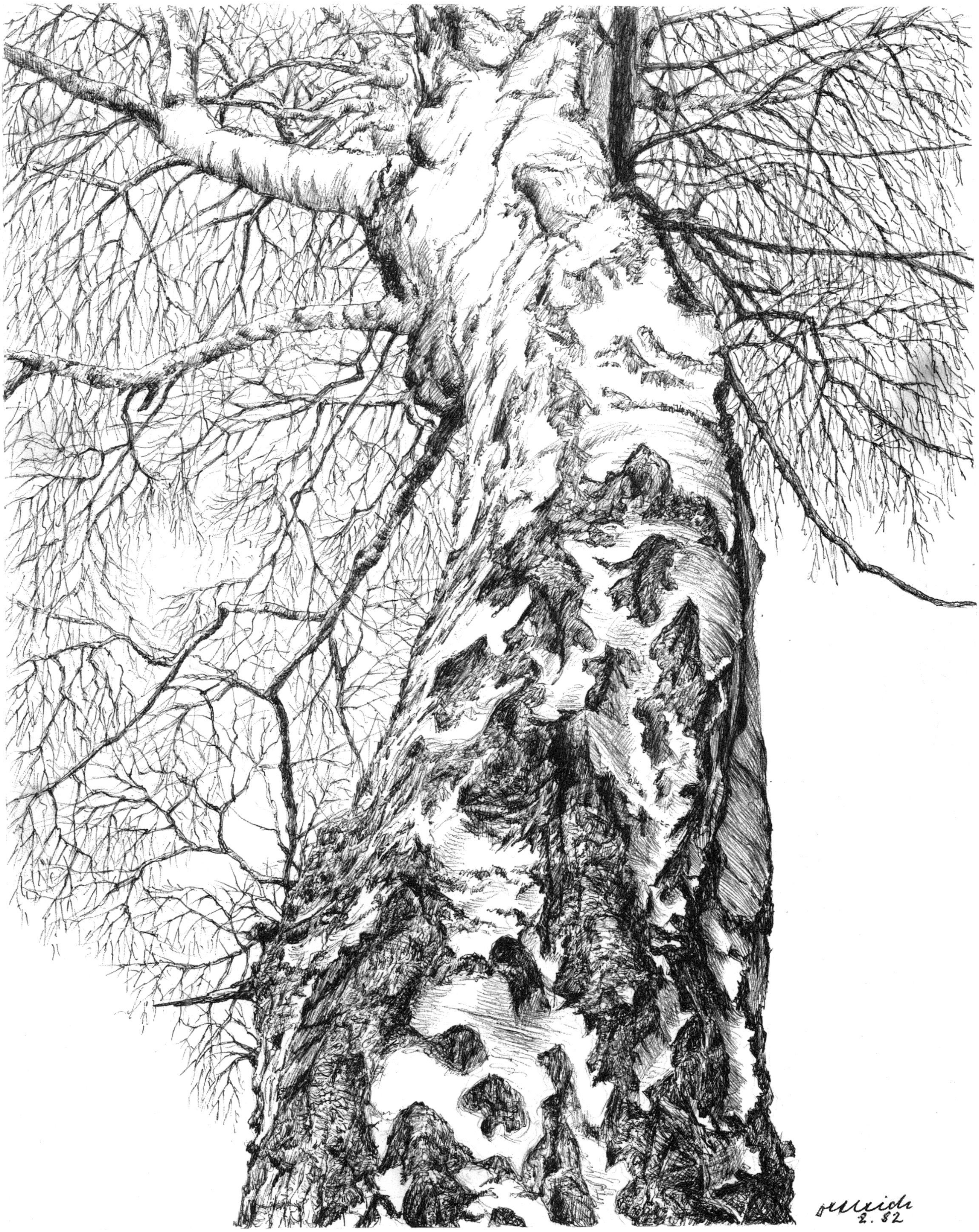

Einzelne, aus einem Eichen-Buchenbestand belassene Saatbuche, *Fagus silvatica* L., an einem Hang der Nordvogesen

Läßt der Forstmann einzelne Buchen in gewissen Abständen und für einige Zeit noch stehen, so verjüngt sich der Bestand durch natürliche Aussaat. Solche hochschäftigen Bäume, die nun plötzlich vereinsamt dastehen, fallen auf durch ihre schmale, pinselförmige Krone. Der Eindruck des »künstlichen« Eingriffs wird noch verstärkt beim Anblick der weiten Fläche des Kahlschlags. Doch überall schon wachsen Jungbuchen heran, dazwischen Gräser, Hainbinsen, Habichtskraut, die nun das gewonnene Licht voll ausnützen. Reiner Buchenwald als Schattenspender wird dann den Pflanzen der Feldschicht wenig hold. Nur im ersten Frühling beeilen sich die meisten Arten, ihr Blühen zu vollenden, wie Sauerklee, Buschwindröschen, Veilchen, Lerchensporn, Waldmeister, Schaumkraut. Manch eine der gefällten Buchen barg die Nisthöhlen des Schwarzspechts oder der Hohltaube. Ich beobachtete, wie beide Arten jährlich abwechselnd den Brutplatz beanspruchten. Hohltauben sind mit der Abnahme alter Buchenbestände in den Vogesen selten geworden.

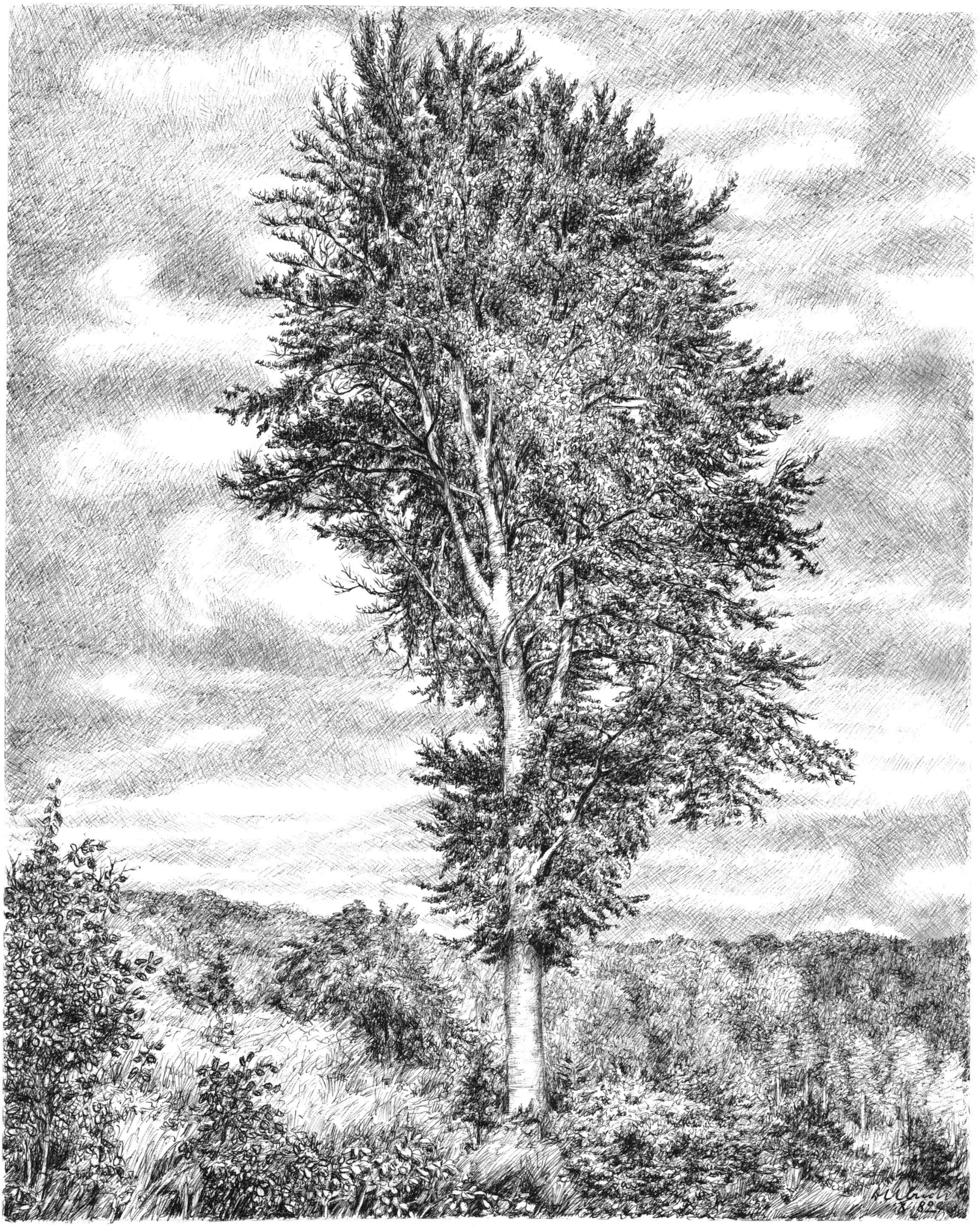

Buchensprößlinge in 1200 m Höhe, Klintzkopf, Hochvogesen

Als Technokrat ist der Mensch Ausbeuter, der im Baum in erster Linie das holzerzeugende Objekt sieht und vergißt, daß der Baum nicht das Holz, sondern seine eigene Fortpflanzung durch Frucht- und Samenbildung zum Ziel hat. In der Frucht liegt, allein schon in ihrem äußeren Aspekt, die gesamte Persönlichkeit des Baumes: »Zeige mir deine Frucht, so sage ich dir, wer du bist«, ließe sich in Abwandlung sagen. Unverwechselbar erkennen wir den Buchensamen, die Buchecker, das »dreieckete sueße nüßlin, in scharpffen, stacheleten ygelskoelblin oder heüßlin verschlossen«.[16] Dieses Häuslein, der Fruchtbecher, springt in vier Klappen auf und läßt die zwei bis vier braunglänzenden, dreieckigen Nüßchen fallen. »Die nüßlin sind den sewen, meusen und kromatvoegeln [den Drosseln, speziell den Misteldrosseln] zu winterszeiten ein angenehme speis.«[16] An feuchten Stellen des Waldbodens finden wir im April-Mai die verschieden weit fortgeschrittenen Keimlinge, deren Spitzenblätter gerade die Samenhülle abwerfen. Bemerkenswert sind die beiden weißgrünen, ohrförmigen dicken Keimblätter, die das Pflänzchen mit den ersten Nährstoffen versorgen. Bucheckern waren in alter Zeit ein wertvolles Naturprodukt zur Speise- und Lampenölgewinnung. Noch gegen Ende des ersten Weltkrieges wurde in den Schulen »Buchelsammeln« angeordnet, an dem ich teilzunehmen hatte. Wenn wir Bucheckern aßen, warnte uns niemand vor möglichen Giftwirkungen: Die Samenwand enthält nämlich Fagin, ein flüchtiges Öl, das wie Strychnin krampfartige Erscheinungen auslösen kann. Dies wurde früher an Pferden festgestellt, die man mit den Ölkuchen der Bucheckern fütterte.

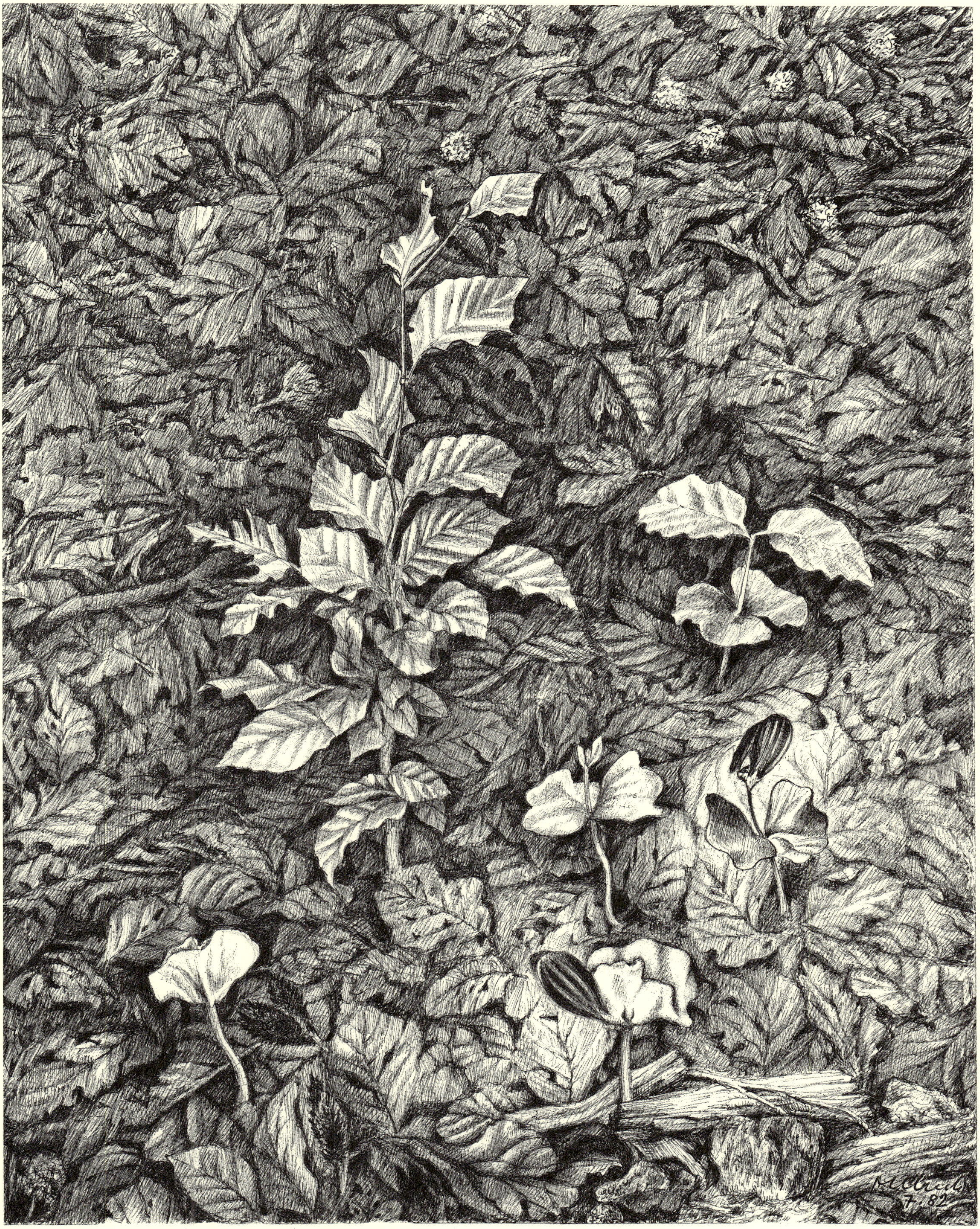
7.82

Jungbuche im Frühlingslaub

Warum haben nicht alle Blätter die gleiche Form? Ist doch die Funktion bei allen dieselbe: Kohlendioxid aus der Luft mit Wasser aus der Erde mit Hilfe von Chlorophyll und Lichtenergie in Kohlehydrate umzuwandeln und dabei Sauerstoff und überschüssiges Wasser in die Luft abzugeben. Die Urform des Blattes war wohl einfach, länglich, rundlich, oval. Bei aller weiteren Differenzierung bleibt der elementare Grundbau, ein verästelter »Baum«, bestehen. Das Blatt kann in etwa 50 Formtypen gegliedert werden. Das Roßkastanienblatt ist »handförmig gelappt«, das der Stieleiche »gebuchtet«. Ein Buchenblatt ist »eiförmig, undeutlich entfernt gezähnt bis fast ganzrandig«.[28] Buchten, Lappen, Zähne wurden zu genetischen Eigenschaften, die im Zusammenspiel von Einflüssen der Außenwelt mit den inneren Triebkräften der Pflanze in Erscheinung treten. Aber das Rätsel der Formen – der Morphose – bleibt mit Hinblick auf Außenwelt und Triebkräfte ungelöst. Was wir oftmals als »Persönlichkeit« eines Baumes erleben, mag auch bis in seine Blattformen hineinwirken.
Liegt es im Geheimnis der Form, wenn wir Blätter schön finden? Meine Vorliebe galt dem jungen, duftig-grünen, im Gegenlicht wundervoll leuchtenden Buchenlaub. Die von weichem Flaum umsäumten Blätter hängen wie frisch geschlüpfte Schmetterlinge am biegsamen Geäst. In warmen Luftströmungen wogen sie auf und ab und dehnen sich zusehends. Wenige Tage darauf schwindet der feine Saum, das Buchenblatt erhält sein glattes, ledriges Sommergewand.
Eine Buche trägt Hunderttausende, ein Wald Milliarden von Blättern, doch keines, das dem anderen absolut identisch wäre! Weder am selben Baum noch an einem andern Baum, den es je gegeben hat.

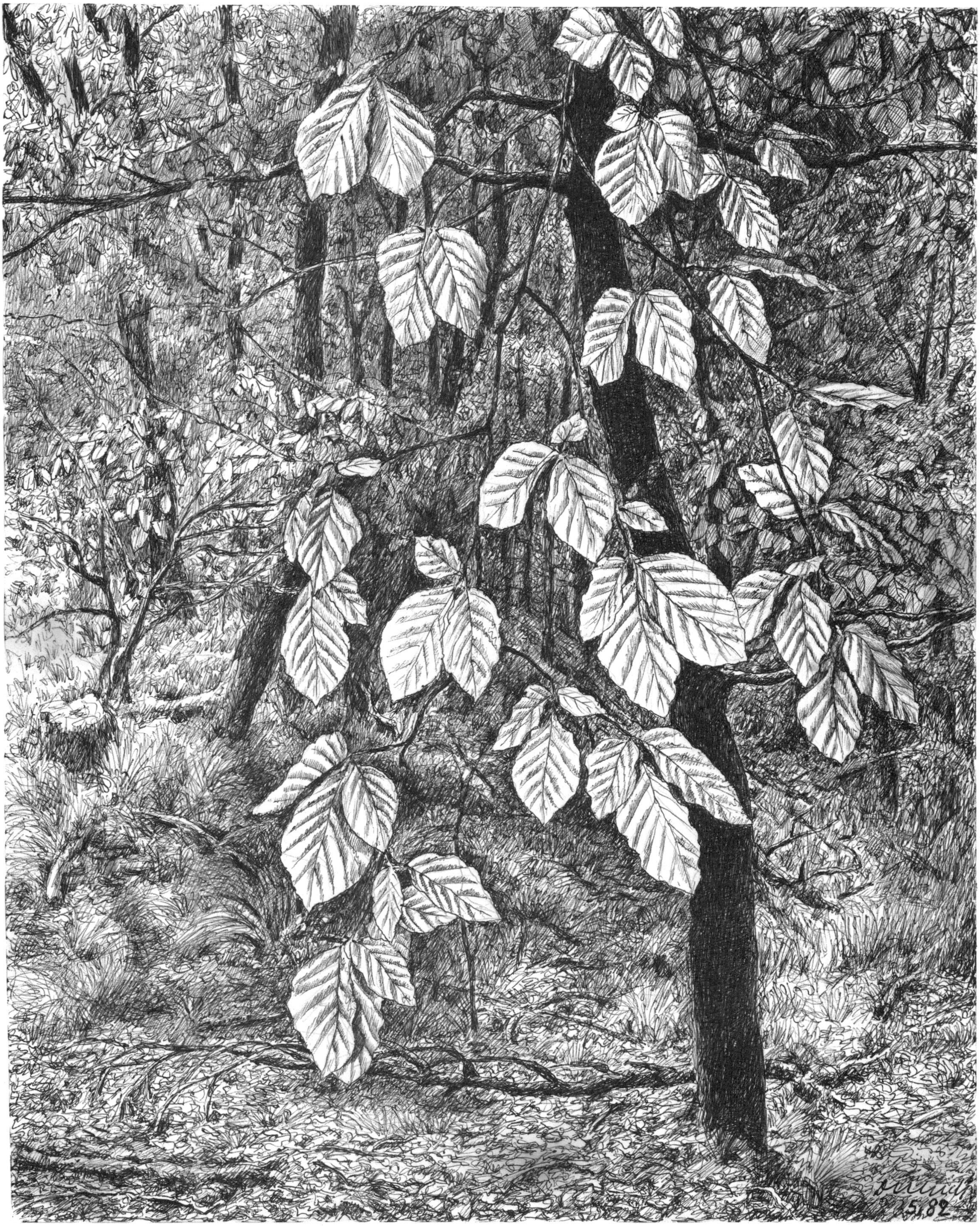

Rotbuchenstämme, Wald der Robertsau bei Straßburg.
120jähriger Bestand, ein forstwirtschaftliches Ergebnis

Buchen gehören in den Nordvogesen zu den vertrautesten Waldbäumen. Besonders die breiten Höhenzüge des Buntsandsteins trugen herrliche Hochwälder. Und doch ist dieser hohe, schlanke Buchenwald nicht das Ergebnis einer eigentlich freien Naturentwicklung, sondern ein vom Menschen ausgerichtetes Kulturprodukt! Ein Baum, der im Freistand aufwächst, beispielsweise nach Windbrüchen, nimmt ganz andere Gestalt an, als wenn er in enger Konkurrenz mit Nachbarstämmen nach oben treiben muß. Für die Forstwirtschaft war diese Entdeckung von größter Wichtigkeit. Am Buchenhochwald zeigt sich am besten solche vom Menschen angewandte »Dressur«. Hochstämmige Buchen bilden meist gleichaltrige Reinbestände in ausgeglichener Dichte. Solche Idealstämme gibt es aber auch im Mischwald, immer jedoch auf humusreichen, feuchten, nicht aber nassen Böden, bei temperiert warmem, ozeanischem Klima.
Als vor 3000 Jahren v. Chr. die Buche ihre Einwanderung aus Südwesten vollzog, geschah dies im Verband eines Eichenmischwaldes, in welchem von gleichmäßig großen Buchen wohl keine Rede sein konnte. Heute gibt es noch mancherorts solche spontan und wildgewachsenen Bäume, deren Einsamkeit nun ihren Zerfall beschleunigt. Deutlich soll hier das gegensätzliche Verhalten ins Auge fallen von den himmelanstrebenden glatten Säulen mit dem schmalen Blätterdach und jenen Buchen, die auf massigem Fundament eine weitausladende schwere Krone tragen.

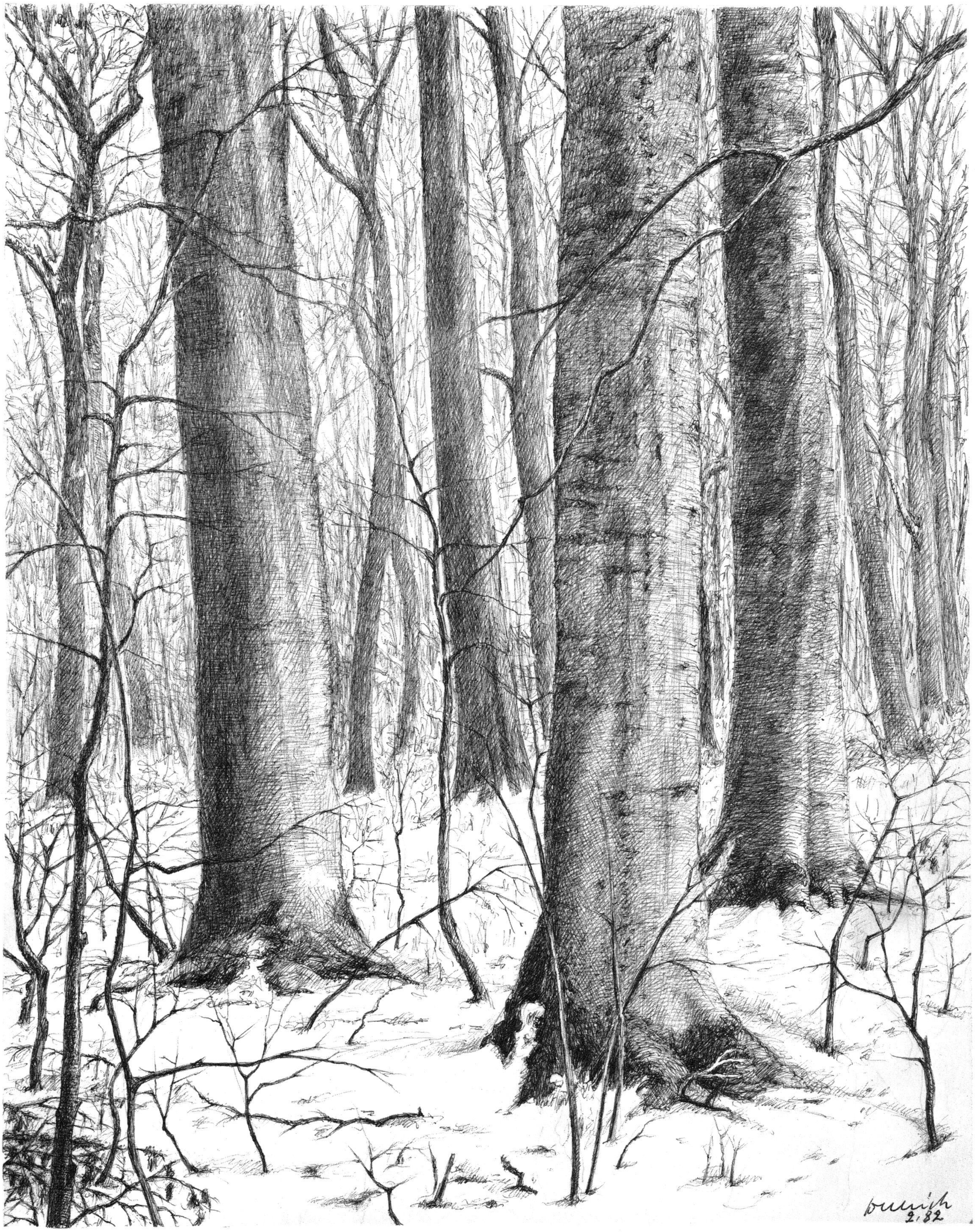
2.82

Rotbuche im Schloßpark Pourtalès bei Straßburg.
Umfang 5,30 m

Rotbuchen finden ihre optimale Verbreitung im temperierten, ozeanisch beeinflußten Klima, mit Vorliebe auf mäßig hohen Gebirgszügen, weniger in einer Ebene, wo kontinental-trockene Umweltbedingungen vorherrschen. In der Bundesrepublik besetzt die Buche etwa 15% der Waldfläche, ebensoviel in Frankreich, in den Vogesen sogar 23%.[29] In der Rheinebene mit ihrem feuchten Klima wurde sie in Mischwäldern angepflanzt, und selbst auf den »Köpfen« des Rheinwaldes hat sie Fuß gefaßt: Solche Rheinbuchen, die mit 70 cm Durchmesser gefällt wurden, hatten Jahresringe von 5 mm Breite, waren also 70 Jahre alt. Dagegen maß ich an einer 55 cm dicken Buche der Nordvogesen Ringe von 2,7 mm Breite, was einem Alter von 100 Jahren entspricht! In den Parkanlagen wurden Buchen – auch die »Rot«-Buchenvarietät – als Zierbäume vor ungefähr 250 Jahren eingeführt. Prächtige Exemplare konnten sich im Freistand zu vollendeter, rundovaler Gestalt entfalten. Andere hingegen zeigen ihre unbändige Widerstandskraft in den Merkmalen, die Frost, Pilzbefall, Unwetter an abgestorbenen Ästen, in Hohlräumen, Falten und Wülsten hinterlassen haben. Am zerquälten Stamm haftet nur noch stellenweise die einst jugendlich glatte Rinde. Doch der Baum grünt und streut im Herbst verschwenderische Massen von Bucheckern um sich her.

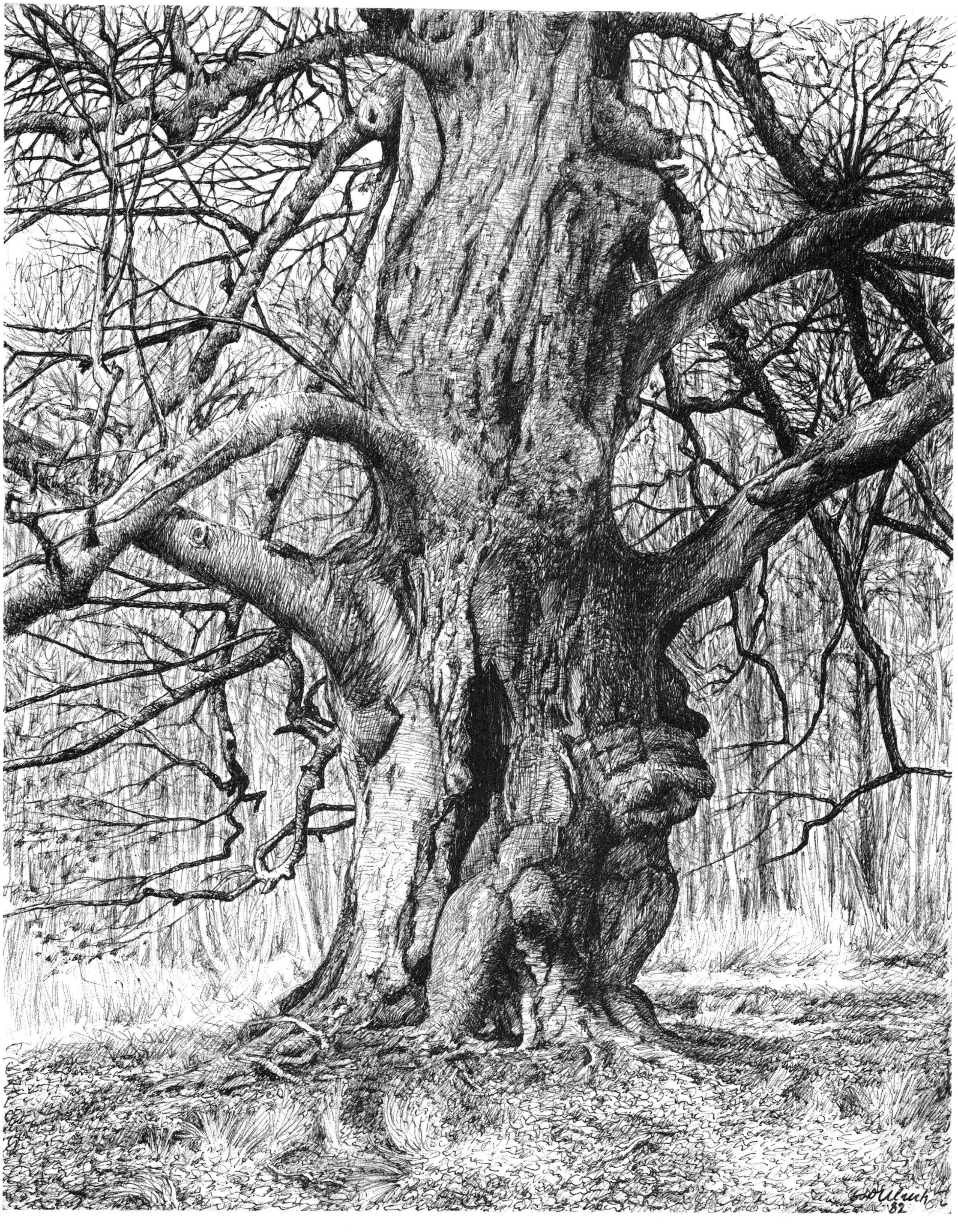
Ulrich
82

Wurzelwerk einer Rotbuche, Bois de Fausses Reposes,
Ville d'Avray, Hauts-de-Seine

Hier ist Zerstörung am Werk gewesen, so daß diese 200jährige Buche im Bois de Fausses Reposes ihr Wurzelwerk in solcher Weise zur Schau geben mußte. Sie steht am Rande eines alten Weges, dessen Böschung durch Erosion sich immer mehr ausgrub und vertiefte. Oft trifft man solche freigelegten Wurzelstöcke von Eichen, Föhren, Fichten entweder in natürlichen Lagen, auf Felsen, an Steilhängen, aber vor allem an Wegen und bei sonstigen vom Menschen geschaffenen Bodenveränderungen. Nie wird daran gedacht, daß oft geringe Eingriffe auf längere Sicht die Abtragung von Tonnen wertvoller Walderde zur Folge haben.

*Forêt de Fausses Reposes, Ville d'Avray*

Waldkiefer, *Pinus silvestris* L.,
auf einer bewaldeten Felskuppe der Mittelvogesen.
Frei aufgewachsenes Exemplar

In der Nacheiszeit begann die Waldkiefer oder Föhre als erste unter den einheimischen Nadelbäumen ihren Zug nach Norden. Sie begnügte sich mit sandigen, kristallinen, ja armen Böden, sowohl in trockenen Felslagen als auch auf Mooren der Ebene oder Gebirge. Im Lauf der Jahrhunderte wurde kaum ein anderer Waldbaum intensiver durch die Waldwirtschaft verbreitet. In den Sandstein-Nordvogesen erfuhren nach dem ersten Weltkrieg viele Laubwaldparzellen eine Umstellung auf Kiefernplantagen. 1965 betrug der Kiefernprozentsatz 16% des Vogesenwaldes[29], in Deutschland 44,6% (nach Hegi). Je nach Standorten entwickelt die Kiefer verschiedene Ökotypen. Spontan auf Felsen gewachsene Föhren sind oft mehrschäftig und verkrümmt auf starkem Wurzelwerk. Im Elsaß kennt man die kerzengerade, bis 50 Meter hohe dickstämmige Form »Wangenbourg«, mit kurzen Nadeln, Schlangenhautrinde, dann die »Hagenau«-Form mit langen Nadeln, rauher und dicker Borke, aus der man schöne Schifflein schnitzen kann. Der Stamm ist mehr oder minder gekrümmt. Die langnadlige Kiefer ist geläufiger Begleiter von Eichen, Hagebuchen und Birken. Der an Harz reiche Baum liefert das Material zur Gewinnung von Terpentin und Kolophonium. Welche Freude war es, als wir vor Jahren in den Wald zogen, um »Furlebibble« und Kienholz zu sammeln. Da war noch überall helles Buchenlaub und allerlei Gebüsch zwischen den rötlichen Stämmen, erfüllt vom Jubilieren unzähliger Vogelstimmen, dort wo heute langweilige Kiefernstangenäcker den Platz beanspruchen.

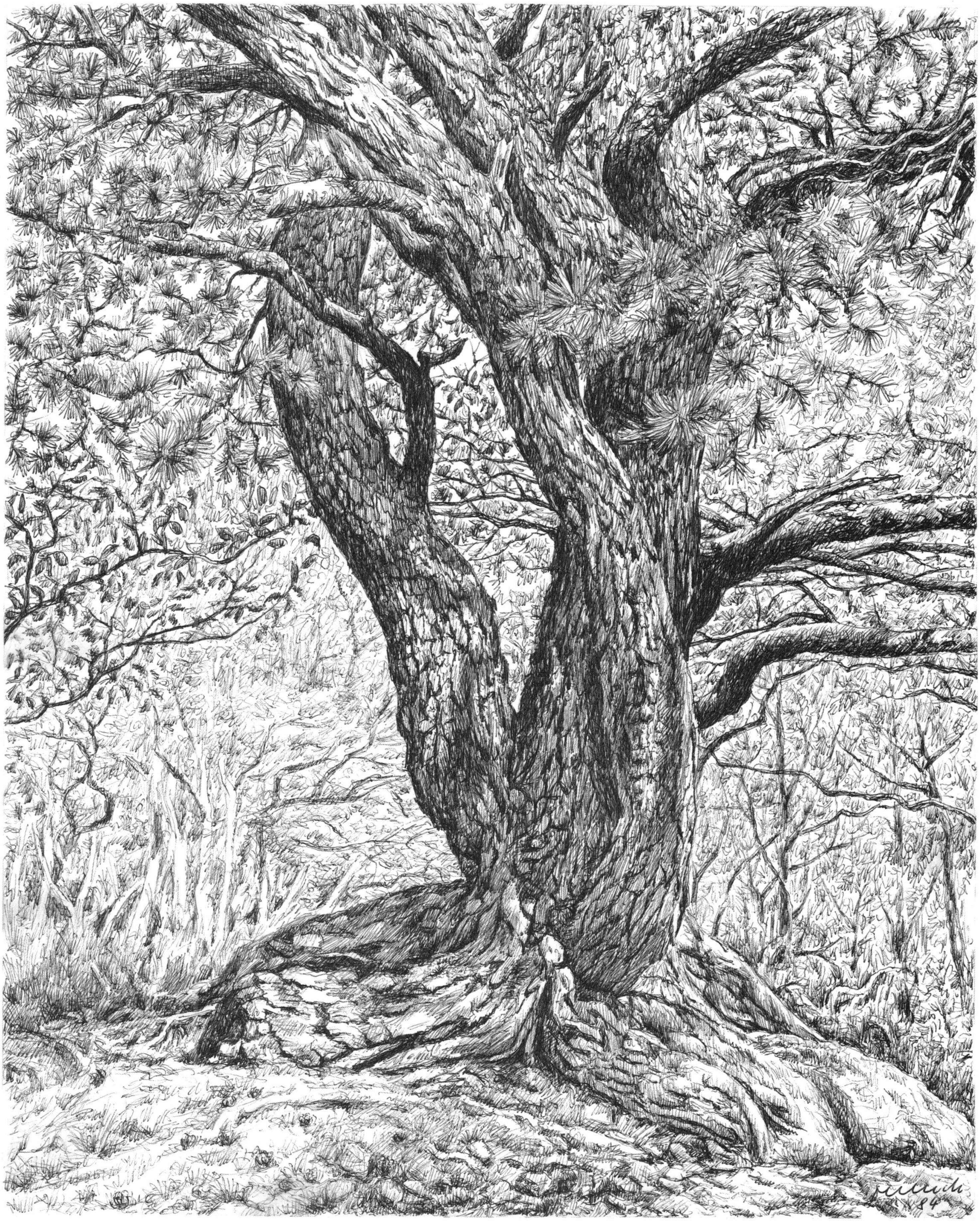

Alter Birnbaum, *Pirus communis* L.,
bei Oberbronn, Unterelsaß. Umfang 3,05 m in Brusthöhe.
Solche Exemplare sind nur noch selten anzutreffen

Meine Großeltern besaßen in Oberbronn einen Obstbaumacker mit mehreren mächtigen Birnbäumen, die im Herbst riesige Birnen trugen. Steinharte, aber süße Früchte, deren Herbheit sie in rohem Zustand jedoch ungenießbar machte. Man nannte sie »Klotzbeere«. Gefährlich war es, sie zu ernten. Die große Masse wurde unter dem schweren Mahlstein getrottet, den wir lustig im Kreise herumdrehten. Der Most gab, mit Apfel- und Traubensaft gemischt, einen annehmbaren Tischwein. Eine kleinere Sorte von Birnen hieß »Winbeere«. Die schönsten Klotzbirnen kamen in den Keller, bis sie weich, »teigig« waren, um dann im Backofen als »Beerenschnitz« getrocknet zu werden. Der stärkste unserer Bäume hatte 3,50 m Umfang in Brusthöhe. Ich maß ihn 1982, als er am Boden lag, Opfer einer ganz unnötigen Wegbegradigung.

Alte Obstbäume werden leider immer seltener. Gewiß haben solche Birnbäume (*Pirus communis* L.) noch Eigenschaften der wilden Waldbirne (*Pirus c. pyraster*) mit sogar dornigen Trieben. Ihre Ursprungsgebiete sind die Mittelmeerländer, sie stammt jedoch aus China und Japan, wo sie früh schon gezüchtet war. Plinius erwähnt für Italien 35 Sorten. Im Elsaß kannte im 16. Jahrhundert Hieronymus Bock eine ganze Anzahl von Birnensorten: »alandsbiren, schmalzbire, fleischbire, bocks- und bentzbiren, herren- und pfaffenbiren, schiffers-, muskatellerbiren... holzbiren sind hart und steinicht.« Dazu füge ich noch »Zapfenbirnen«, auch »Madameschenkel« genannt. Kulturbirnen gab es in Frankreich seit dem 17. Jahrhundert.

Noch stehen hier und dort halbverwilderte, eichenstarke Birnbäume, vergessen inmitten steinigem Dorngebüsch oder Brachwiesen. Sie gehören, wie andere Obstbäume, besonders Kirschbäume, Apfel- und Pfirsichbäume, zu unseren altüberlieferten pflanzlichen Kulturgütern, deren reiche genetische Varietäten unbedingt erhalten werden müssen.

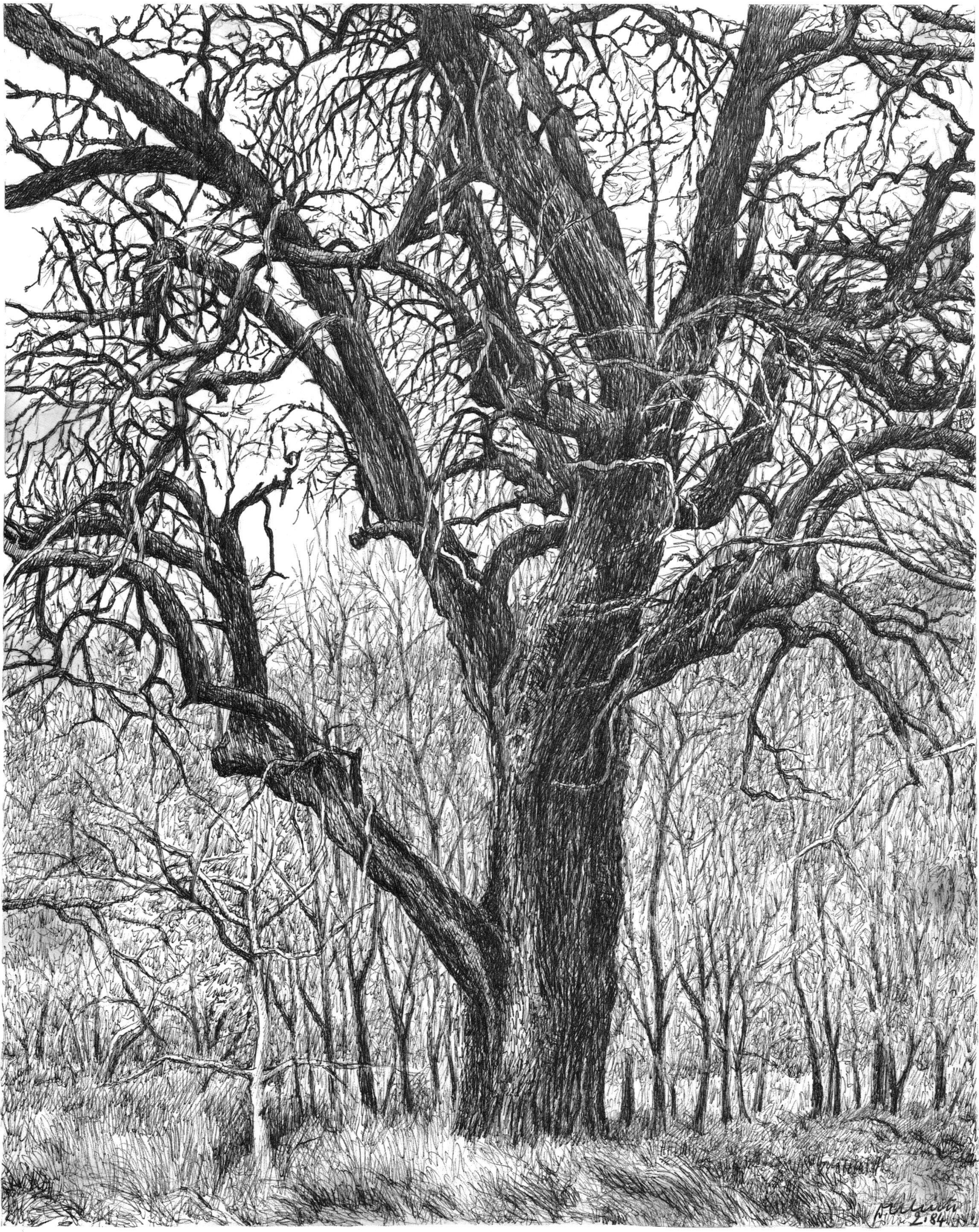

Alter Kirschbaum, *Prunus avium* L.,
beim Col de Fouchy, Unterelsaß.
Umfang 1,86 m. Seit Jahren verwildert

Als Waldbaum der circumborealen Klimazonen kam der Kirschbaum aus Mittelasien nach Europa, wo er schon von den Sammlern der Steinzeit als Früchtespender geschätzt war. Die kleinfrüchtigen Wildformen gehören zwei Grundtypen an, einer dunkelsaftigen *(var. juliana)* und einer hellen *(var. duracina)*. Die ersten gaben die kultivierten fleischigen Herzkirschen, die anderen die härteren Knorpel- oder »Krachelkirschen«, mit zahlreichen weißgelben, rötlichen, braunen Lokalvarianten, während die hellroten Sauerkirschen (*Prunus cerasus vulgaris* Mill.) als Gebüsch oder kleine Bäume eine Art für sich bilden.

Kein Dorf, kein Tal, das nicht im März und April vom weißen Blütenwunder der Süßkirschbäume umwoben und verklärt wäre, ein Sinnbild friedlichen Wohlstandes. Vielseitig und poesievoll ist die Verwendung dieses frühreifen Steinobstes. Die schwarzen Herzkirschen, mehr als die anderen Arten, bringen ihre unvergleichlichen Qualitäten in die Zubereitung von Torten und »Bettelmann«. Garten- und Waldkirschen geben vorzügliche Marmelade – und famoses Kirschwasser, »das soll denen dienen die sprach gelegen ist«.[16] Aus dem rötlich und weiß gemaserten Holz werden kunstvolle Möbelstücke gefertigt. Ungepflegt verwildern Kirschbäume leicht, sie stehen oftmals zwischen den Hecken brachliegender Hänge. Trotz abblätternder Borke und dürren Ästen blühen und fruchten sie immer noch, zur Lust der Stare, Amseln, Pirole und naschbegierigen Siebenschläfer. Aus ihrem rissigen Stamm quillt zähflüssiger, bernsteinfarbener Saft, der dafür gut sein soll, den alten Husten zu vertreiben.[16]

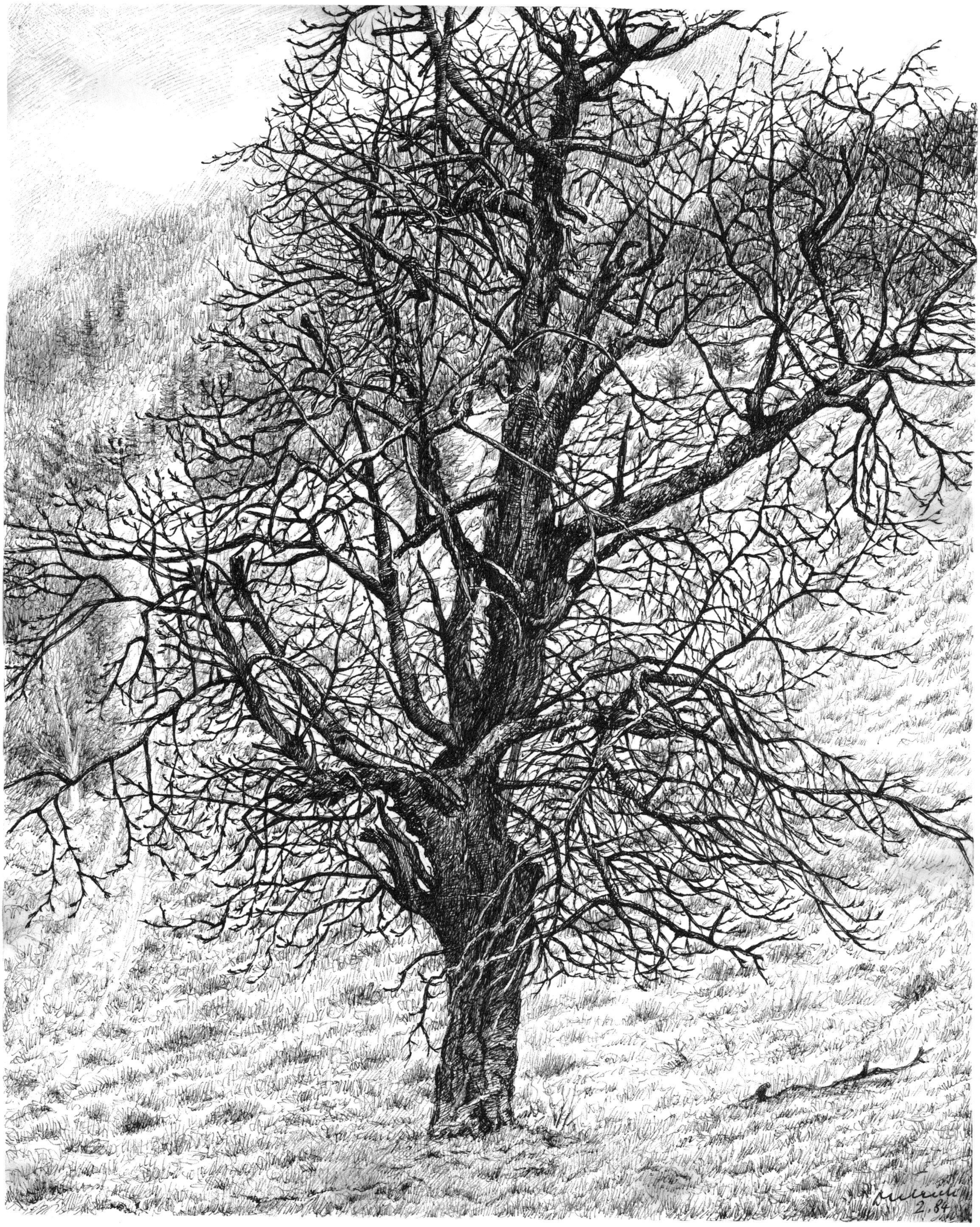
2.84

Blühender Holunderbaum, *Sambucus nigra* L., Schwarzer Holunder. Telfes, Stubaital, Tirol. Höhe 5 m, Stammdurchmesser 20 cm

In Alpendörfern, auf Almwiesen hat jedes alte Haus, jeder Heustadel seinen Holunderstrauch, dessen weiße Blütenpracht im Frühsommer das Landschaftsbild mitgestaltet. In unseren flachen Kultursteppen wird dem Holunder zwischen Neubauten, Wald- und Flurbereinigungen kaum mehr ein Lebensrecht zuerkannt, und wirklich alte stämmige Holunderbäume sind wohl nicht mehr aufzufinden. Doch von Ausrottung kann keine Rede sein, überall in Hecken, an Zäunen, Weg- und Waldrändern wachsen Holdersträuche. Ihre weißgelben Blütenteller – es sind Trugdolden – reifen bald zu grünen, dann tiefschwarzen Beerenkügelchen. Meine Mutter verstand es, aus den eigenartig duftenden Blüten eine Limonade zu bereiten und ganze Dolden in Eierkuchen zu verbacken. – Mit dem blutroten Saft der Beeren bestrich man die Hautwarzen. In den Vogesentälern werden die reifen Beeren zu »Hoilerschnaps« gebrannt. Rinde, Früchte und Blätter haben harntreibende und abführende Wirkung. Soll die Rinde als Brechmittel dienen, muß man sie von unten nach oben schälen, wird sie aber von oben nach unten abgezogen, so wird sie zum Abführmittel.[27] Nach alter Überlieferung besitzt der Holunder schützende Kräfte für Menschen und Tiere, hält Schlangen und Maulwürfe fern. Auf ihn übertrug man rheumatische Beschwerden, wenn man ihn umarmte oder mit Milch übergoß. War man das Opfer eines Zauberspruchs, mußte man seine Kleider mit einem Holunderstock beklopfen. Schlug man aber damit eine Pflanze oder ein Tier, so sollten diese verkümmern. – Als Knaben fertigten wir aus ausgehöhlten Holunderstäben Blasrohre und Wasserspritzen.
Weit entfernt sind die Zeiten, als man in Ehrerbietung vor dem freundlichen Holunderbaum den Hut abzog!

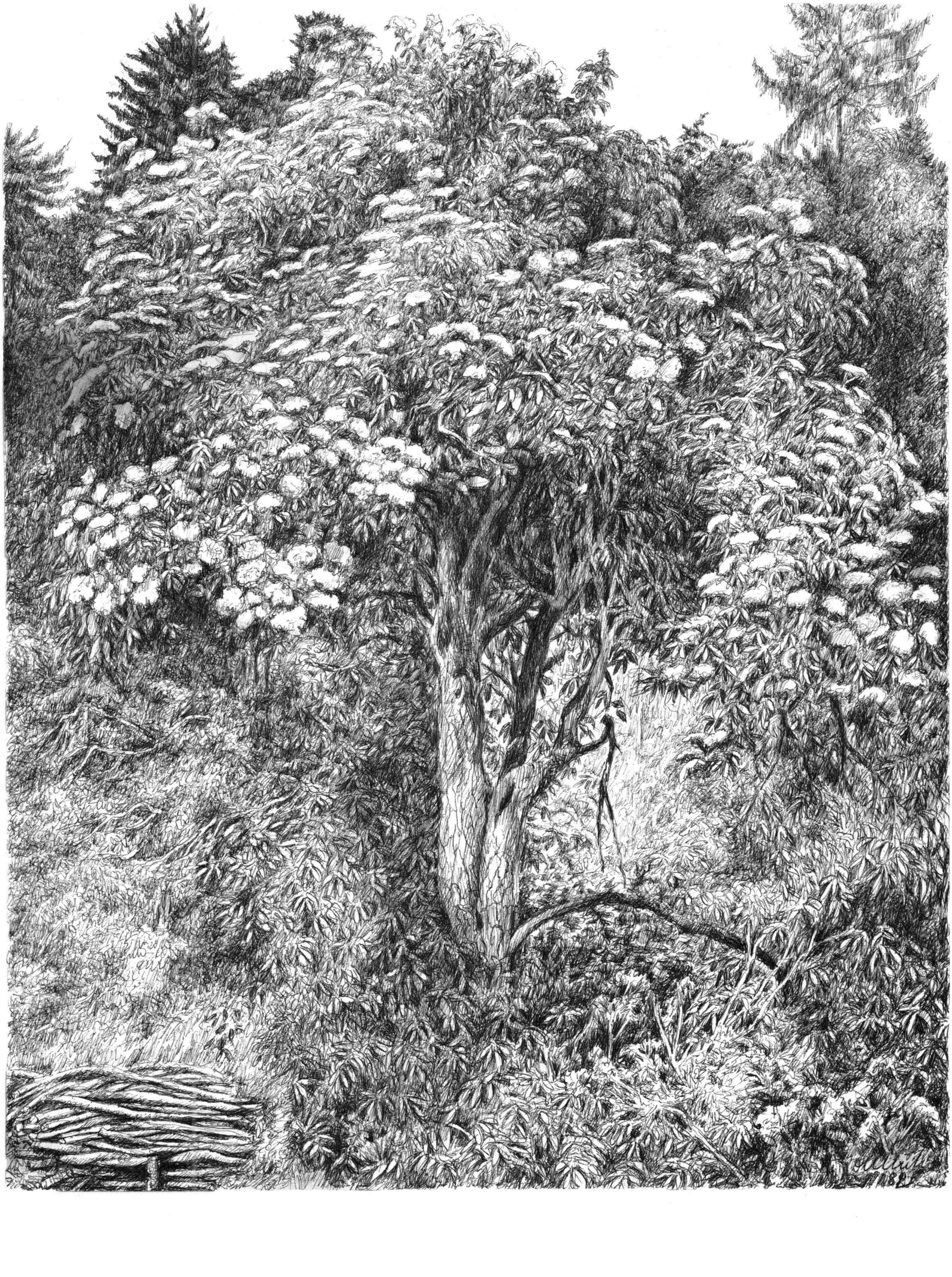

Eibe, *Taxus baccata* L.,
auf dem Friedhof von Boisney (Eure), Normandie.
Umfang 7,50 m, Höhe 16 m

In früheren Zeiten war die Eibe im atlantischen Klima der Bretagne und der Normandie wahrscheinlich ein verbreiteter Baum. Heute findet man sie nur noch bei Kapellen, auf Dorffriedhöfen, wo diese immergrünen dunklen Bäume ernst und schwer auf das Gemüt wirken.
In der freien Natur praktisch ausgerottet – ihr Holz gab die besten Bogen (Iwa heißt auf althochdeutsch Bogen) –, gibt es Eiben nur noch vereinzelt oder in beschränkten Beständen, so an felsigen Berghängen, wie bei Burg Nideck in den Vogesen[30], in Süddeutschland, in den Voralpen (siehe S. 110). Die Eibe von Mönchshagen (Mecklenburg) soll 1500 Jahre alt sein, diejenige von Fortinghall in Schottland, mit 16 m Umfang, dürfte mit annähernd 3000 Jahren die älteste Europas sein. In der südlichen Provence liegt die berühmte »Forêt de la Sainte Baume« (siehe S. 132), in der Eiben mit Buchen und Flaumeichen eine großartige Gesellschaft bilden. Doch den ältesten Eiben Frankreichs begegnete ich in der Normandie[20], über 1000jährige Baumgestalten, die über Gräbern Wache halten.
Langlebigkeit, düsteres Wesen machten die Eibe bei Kelten und Römern zum Totenbaum, unter welchem es nicht geraten war, zu verweilen. – Die tannenähnlichen Nadeln sowie Rinde, Holz und Fruchtkern, nicht aber die weiche Fruchthülle, enthalten Taxin, ein giftiges Alkaloid.
Eiben werden gern in Vorgärten als Zierpflanzen gehalten. Nur ältere Bäume bringen die purpurroten, becherförmigen Früchte, Scheinbeeren, die einen harten Kern umhüllen. Die Hüllen sind zuckersüß und ungiftig. Die Kinder von Ribeauvillé (Rappoltsweiler), Oberelsaß, nennen sie treffend »Confiture-Schissele«.[31]

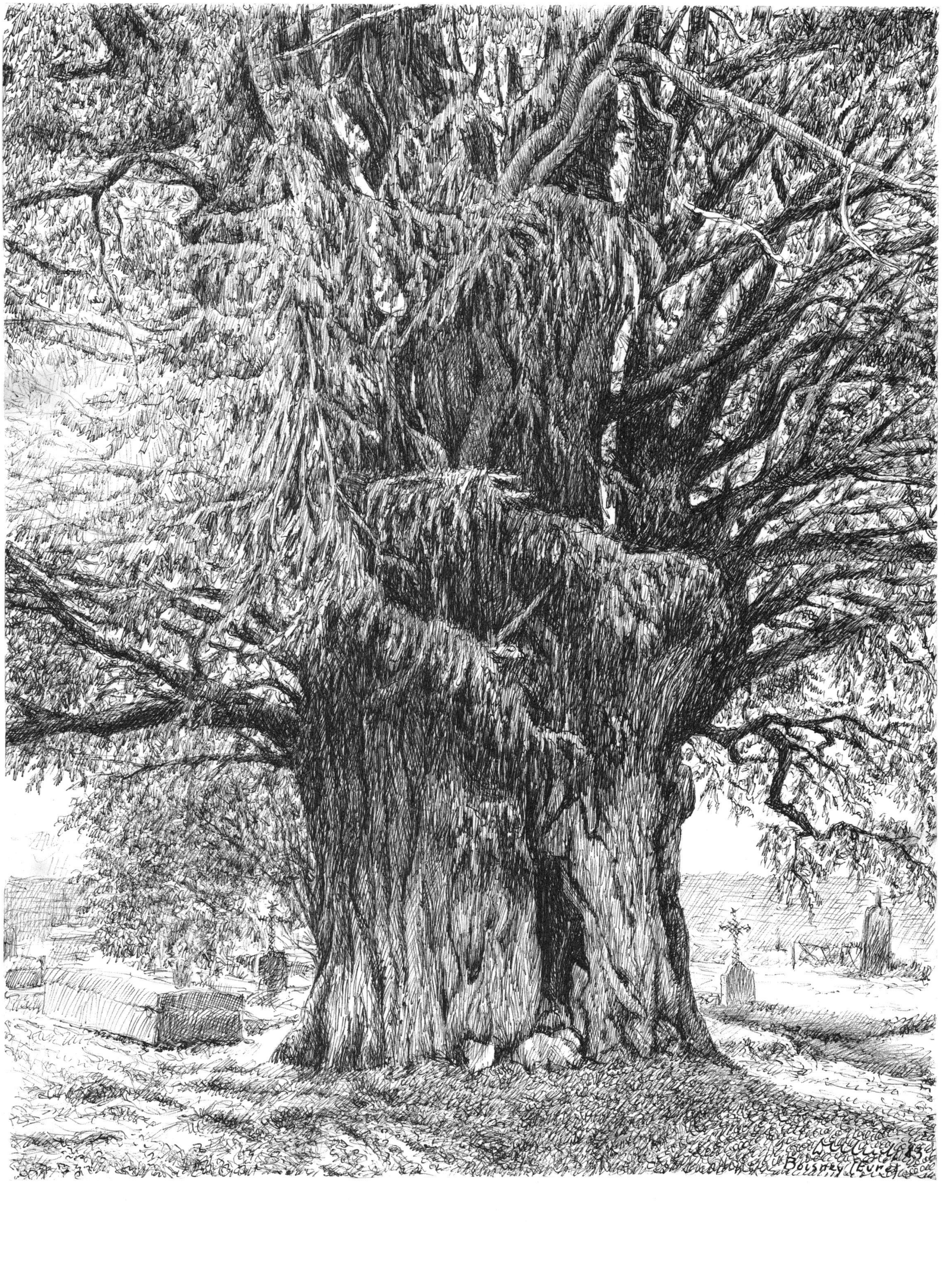
Boisney (Eure)

## BÄUME DER MÄSSIG HOHEN GEBIRGSLAGE

Rotbuche im Rauhreif,
Champ du Feu, Mittelvogesen, Unterelsaß

*Die mittel- und westeuropäischen Mischwälder, früher vorwiegend Laubwälder, gehen unmerklich aus der Ebene in die Gebirgslandschaft über, wo sie mit Nadelholzbeständen zusammentreffen. Hier finden wir die meisten schon erwähnten Arten, die bis zur 1500 Metergrenze steigen und dann eigene Wuchsformen entwickeln können, wie Buche, Bergahorn. – Tanne, Föhre, Fichte kommen hier zur Entfaltung, da sie forstwirtschaftlich besonders gefördert sind. Als seltenes Baumrelikt bleibt die Eibe auf wenige, meist felsige Wärmelagen angewiesen.*

Während die »atlantisch-ozeanische« Buche in der Bretagne oder in Dänemark an der Meeresküste gedeiht, wurde sie zum Gebirgsbaum, je weiter sie in den mitteleuropäischen Raum vordrang, wo sie abseits vom kontinental trockenen Klima in Bergen und Tälern die von ihr beanspruchten Wassermengen fand. Im zu warmen Mittelmeergebiet zieht sie hinauf in höhere Lagen, bis gegen 2000 m Höhe am Olymp oder am Ätna. In den Vogesen (Höchstgipfel 1426 m) liegt ihr Vorzugsgebiet in geschlossenen Mischwäldern, mit Tannen und Fichten, zwischen 300 und 900 m ü. M. Weiter oben, bei 1000 m, wo feuchte Westwinde vorherrschen, stehen einzelne Buchen frei auf Hochweiden inmitten örtlich verschiedener Rasengesellschaften, aus Straußgras, Rotschwingel, struppigem Borstgras, Heidelbeerbüschen und Heidekraut. Hier blühen Alpenanemone, Flügelginster, Bergwohlverleih und gelber Enzian. Zweifellos sind die alten Einzelbuchen vom Menschen als Schattenspender für das Weidevieh geschont worden. Sonst stünde hier ein Buchenwald, zumindest in durch Windbrüche gelockerten Beständen. Das sehr langsame Wachstum dieser Bäume wurde mir dadurch bestätigt, daß ich sie innerhalb von 40 Jahren kaum verändert fand.

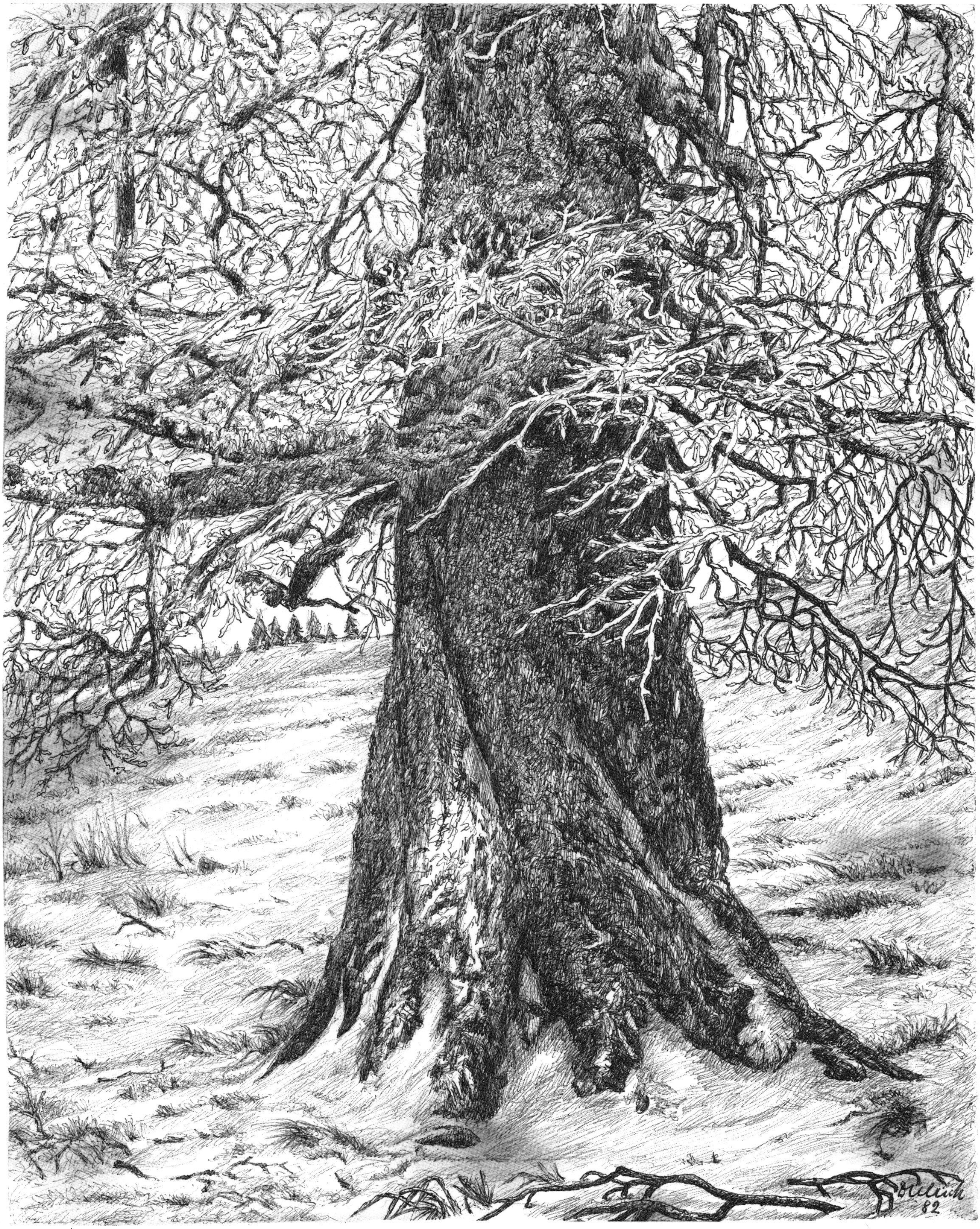

Solitärbuche bei Horben, auf dem Weidberg, südlicher Schwarzwald.
Umfang 3,50 m. Alter um 300 Jahre

Vergeblich sucht man im Gebirge bei alleinstehenden alten Buchen den glatten, hohen Stamm. Knotiges, felsenhartes Holz gleicht dem grauen Granit, auf dem es gewachsen ist. Gedrungene, von Flechten überzogene Äste sind von Weststürmen gewaltsam abgebogen. Wie zusammengestaucht sehen diese kaum 15 Meter hohen Buchen aus. Sie gehören zur Hochweide wie die Eichen zum Ried, Zeugen menschlichen Wirkens, das hier wie dort ein Landschaftsbild gestaltete, in welchem der alte Baum in würdiger Weise zur Geltung kam.

Vogesen und Schwarzwald können als lehrreiche Buchenstandorte gelten. Je nach der Jahreszeit und der geographischen Lage machen sich Klimaeinflüsse aus allen Himmelsrichtungen bemerkbar: feuchte westlich-atlantische fast das ganze Jahr hindurch, im Winter nordisch-subarktische, dann subalpine, im Sommer trocken-warme, östlich-kontinentale Wetterzustände, oft auch warme südliche, mediterrane Strömungen. Sie bestimmen die Zusammensetzung der Pflanzengesellschaften, im besonderen das Verhalten der Buche, deren Anpassungsfähigkeit ihr erlaubt, über der 1200 Metergrenze als vorherrschende Baumart zu erscheinen. Noch kann sie hier oben geschlossene Bestände bilden, mit kurzen, geraden Schäften, doch der untere Stamm bleibt infolge des Schneedrucks umgebogen. Aus solchen Baumformen schnitzte man Alphörner. Ungewöhnlich langsam vollzieht sich das Wachstum dieser Buchen, die mit 200 Jahren kaum 40 cm Durchmesser aufweisen. Wie alt mag also eine Solitärbuche sein, welche drei Meter Umfang erreicht?

Buche b. Horben, Weidberg

Ruine einer Wetterbuche am Klintzkopf,
1280 m ü. d. M., Hochvogesen, Oberelsaß. 1980 vom Sturm gestürzt

Im Gebirge zeigen viele Kampfbuchen noch ihre erkennbare Buchengestalt. Aber in manchen, wenig bewirtschafteten Kammlagen der Hochvogesen, dort wo im ersten Weltkrieg der Wald unter Geschoßhagel gelitten hat, begegnete ich phantastischen Baumruinen. Lange schon waren sie abgestorben, vom Zunderschwamm besetzt, rindenlos und mulmig geworden. Sie standen, wie von letzter Willenskraft gehoben, mit drohenden Stumpfarmen in die Leere weisend. Nachts bei Vollmondschein, als noch verharschter Schnee unter meinen Schritten knirschte, trieb es mich, diese Traumwesen aufzusuchen. Es war, als hörte ich unsagbar trauriges Klagen.

Klinkkopf 30.5.79

Kampfbuchen der Kammzone der Hochvogesen

In der Nähe des Kammrückens verzichtet die Buche auf jeden geraden Schaft und nimmt eigentümliche Formen an, mit knorrigen, verkrümmten und verbogenen, zum Teil am Boden kriechenden Ästen, die so gut sie können nach oben streben. Am Langenfeld-Klintzkopf in den Hochvogesen tragen sie noch Stacheldrähte aus den Kriegsjahren 1914–15. Sie lassen, im Gegensatz zum tiefer gelegenen Buchenwald, genügend Licht auf den steinigen, von dichter Laubschicht bedeckten Boden dringen, so daß Farne, Ampfer, Natterwurz, Sternmiere und viele andere Gräser und Blumen die Feldschicht reich gestalten. Tannen und Fichten versuchen in die verwilderten Parzellen einzudringen, wo sie die Härte der Umwelt früher oder später zu spüren bekommen. Jahraus, jahrein vernimmt man hier das Gekreisch des Tannenhähers. Im Frühling klingt der rhythmisch betonte Ruf der Ringamsel über die noch kahlen Wipfel.
Auf freien Kammflächen und Hochweiden wird die Buche zum niederen Krüppelgebüsch, dessen kuglige Formen dem Kuh- und Wildverbiß zu verdanken sind. Man glaube nicht, daß es sich bei diesen Sträuchern um jungen Aufwuchs handelt. Dieses Gebüsch scheint überhaupt kein Alter zu haben. Es bleibt ein Rätsel, wie hier ein isolierter Trieb zum Baum mit zerzauster Windfahne, zum trutzigen Einzelgänger werden konnte.

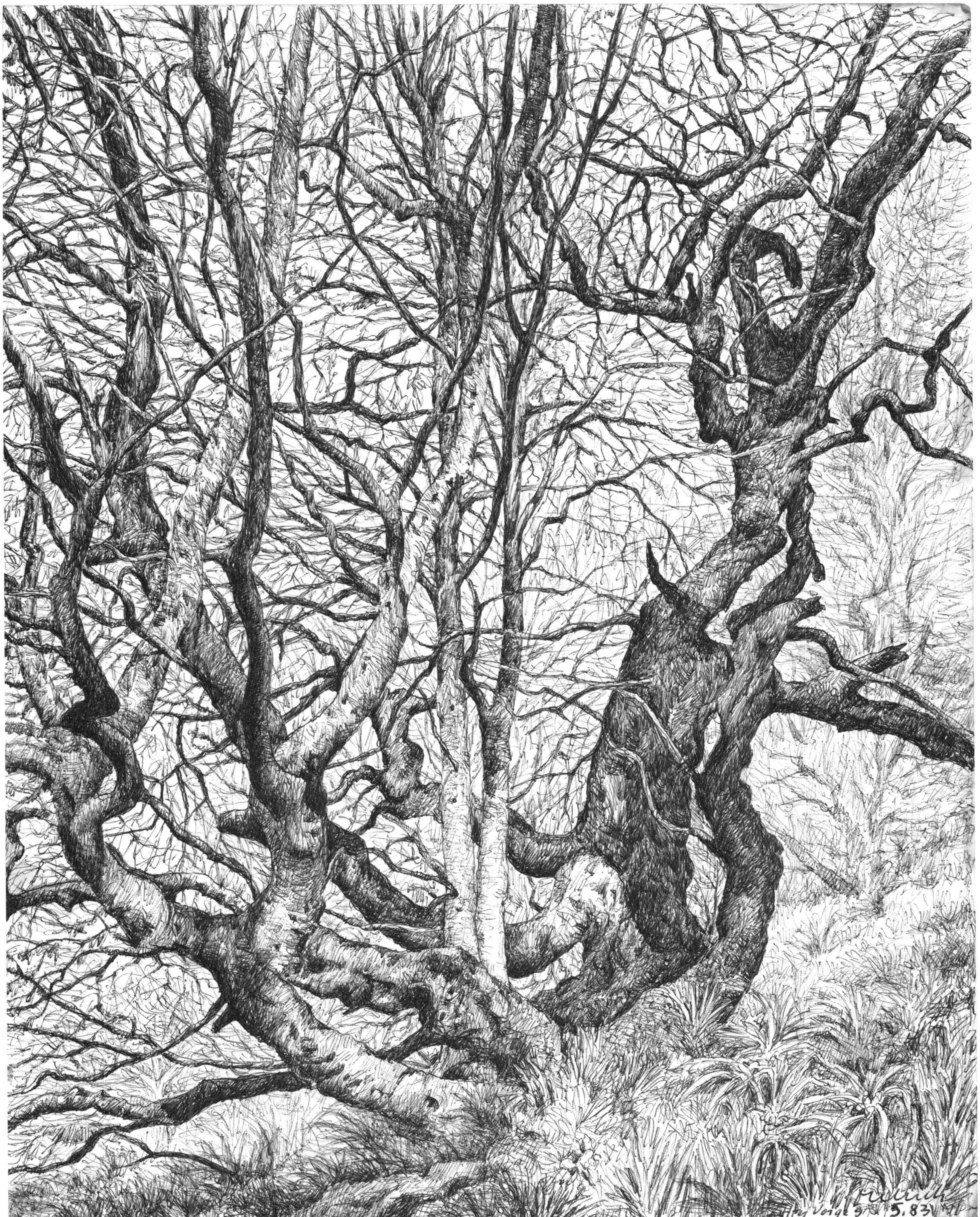

Uralte Rotbuche der Forêt de Sasse (Alpes de Haute-Provence), in 1350 m Höhe. Umfang 5 m in Brusthöhe

Nur noch ganz wenige monumentale Gebirgsbuchen stehen naturhaft unberührt bei 1300 m Höhe, in den Alpes de Haute-Provence. Wie feiste Schlangenkörper breitet sich ihr Wurzelwerk weit um den Stamm und durchdringt metertief den moos- und farnbewachsenen Fels. Ein überwältigender Anblick, fern von aller »rationellen« Bewirtschaftung. Weitab vom menschlichen Getriebe ragen diese jahrhundertealten Recken in verschwiegener Zurückhaltung auf.
War es in eine dieser ausgehöhlten Buchen, in welcher »für zeiten Aesculapius einen drachen ernerte«? Ist es verwunderlich, daß solche Buchengestalten »für zeiten zu Troia in hohen ehren gehalten worden«?[16]

Alpes de Hte Provence 8·82

Bergahornkeimlinge, *Acer pseudoplatanus* L.

Ende März, wenn die Blattknospen der meisten Waldbäume noch ruhen, fangen viele seit dem Herbst am Boden liegende Samen zu keimen an. In den Mischwäldern sehen wir an Wegrändern, im feuchten Unterholz sonderbare Pflänzchen, die als »Kopfbedeckung« die geflügelte Hülle eines Samenkorns tragen. Unweit davon erspießt ein etwas mehr entwickelter Keimling, dessen »Hut« abgefallen ist. Bergahornsprößlinge sind es, erkennbar an ihren beiden gegenständigen, lanzettförmigen Keimblättern. Im Gegensatz zum Eichenkeimling werden beim Ahorn die Keimblätter vom Boden weggehoben (epigäische Keimung), ergrünen und beginnen sogleich mit Hilfe ihres Chlorophylls den aus der Luft entzogenen Kohlenstoff in Nährstoffe umzuwandeln. Bald haben die Keimblätter ihre Schuldigkeit getan und verkümmern, sobald die Blattkrone die Assimilationsaufgaben übernehmen kann. Auf dem lockeren Humusboden blühen Buschwindröschen, Gundermann, ein Maiglöckchen hat beim Sprießen ein welkes Buchenblatt durchbohrt. Vermodernde Ahornblätter sind an den langen Stielen und Rippen erkennbar. Hier, in ihrem eigenen stofflichen Nährboden müssen die Ahornbäumchen wohl gedeihen. Wenn eines davon besonderes Glück hat, wird es in sechshundert Jahren einen Stamm von zwei Meter Dicke erreichen und seine Krone dreißig Meter hoch in den Himmel ausbreiten.

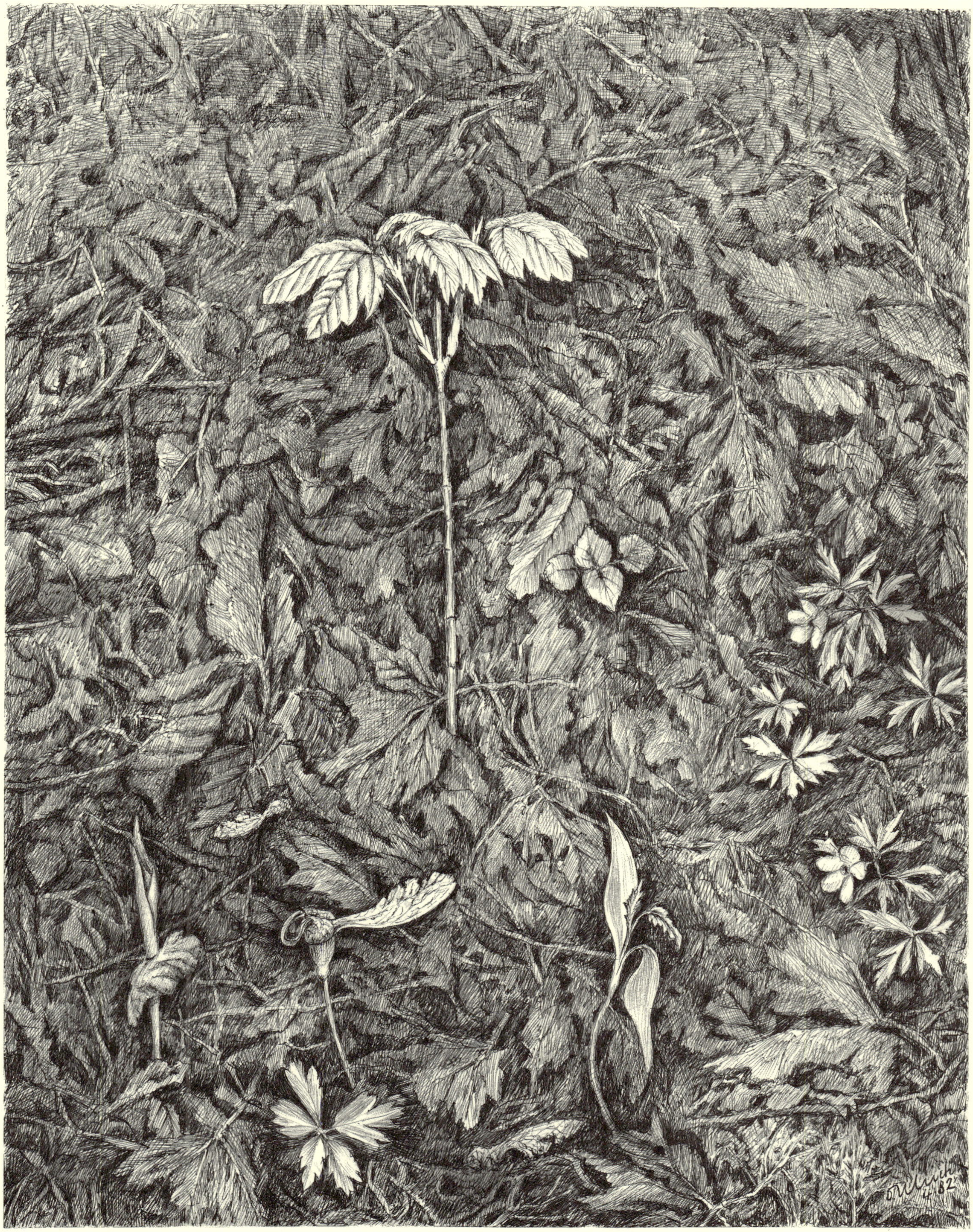

Bergahorn am Grundbauernhof im Rohrbachtal, bei Furtwangen, Schwarzwald.
Umfang 7,10 m in Brusthöhe. Alter ca. 600 Jahre.
Stellenweise von Pilzen der Gattung *Stereum* befallen.
In 7 m Höhe, in einer Mulmhöhle, wächst ein Vogelbeerbäumchen

Bergahorn, eher Gebirgsbaum feuchter Geröllhalden, wo er in höheren Lagen strauchartig wächst, kommt auch in der Ebene vor, inmitten der Hartholzaue des Rheinwaldes. Er gehört zu den mit der Buche eingewanderten Laubbäumen der subboreal-atlantischen Zeit (ab 3000 v. Chr.), liebt feuchtkühles Klima und viel Licht. Sehr alte Exemplare gibt es nur noch wenige. »In etlichen finstern welden im Wasgaw und in der grafschaft Bitsch findet man diesen baum so groß, das daraus schoene gebew gemacht werden. Und dieweil dis holz in seinem alter scheen weiß, mit vilen wasserstroemen oder flammen erscheint, so würt es gemeinlich bei uns zu schoenem geschirr als teller und tischtafelne erwelet, ein werhafftig holtz.«[16]
Im Wald erkennt man Bergahorn an den feinen, rosig-braunen Färbungen der Rinde, deren schuppige Borke oft von Moosen und Kleinpilzen überwuchert wird. Die Blätter tragen fast alle runde, schwarze Flecken, es handelt sich um die Teerfleckenkrankheit, die von einem Pilz, *Rhytisma aceri,* verursacht wird.

Bergahorn
Rohrbachtal

Herbstlicher Waldboden im Eichen-Buchen-Hainbuchenmischwald, Nordvogesen

Als Knabe fuhr ich manchmal mit Großvater in den Gemeindewald, um einen Leiterwagen voll »Laub« zu holen, das damals als Viehstreu gebraucht wurde. War das nicht Diebstahl, Schädigung am Waldesgut? Man überlege, was solch ein Laubwaldboden im Naturhaushalt bedeutet! Als Träger vieler Entwicklungsprozesse des Lebendigen besteht dieser Boden nicht aus irgendwie zusammengewürfeltem toten Material, sondern er ist, vergleichbar mit dem Meer, erfüllt von unzähligen mineralischen und tierischen Abbauprodukten, Aufbau- und Funktionsmitteln, grob- und feinkörnigen Tonmineralen, kolloidalen Stoffen und verschiedenen Gasen. Eine wahre »Ursuppe«! Es wimmelt darin von astronomischen Mengen an Kleinstorganismen, kernlosen Bakterien, kristallartigen Diatomeen, Algen, Pilzen. Vielzeller, wie Fadenwürmer, Schnecken, Regenwürmer, Spinnen, Zecken, Insekten hausen neben und übereinander. Kleine Wirbeltiere, Salamander, Wald- und Spitzmäuse haben hier ihre Gänge und Läufe. Nur gilt der Vergleich mit der Ursuppe im umgekehrten Sinn: Damals waren die einfachen Elemente *vor* der ersten Zelle da. Heute leben die Bodenorganismen im Wesentlichen vom eigenen Zerfall, zehren von der Produktion des Baumes und liefern diesem das unentbehrliche Mineralische, wie den Stickstoff.

Je artenreicher diese Erdgemeinschaften, desto vollendeter der Laubwald! Noch eines rechtfertigt es, den Boden im Vergleich zum Meer zu betrachten: das Wasser. Es umspielt, löst und fördert, in Rhythmen auf- und abfließend, alle Elemente und gibt den Lebensformen die Prägung seines eigenen strömenden Wesens.

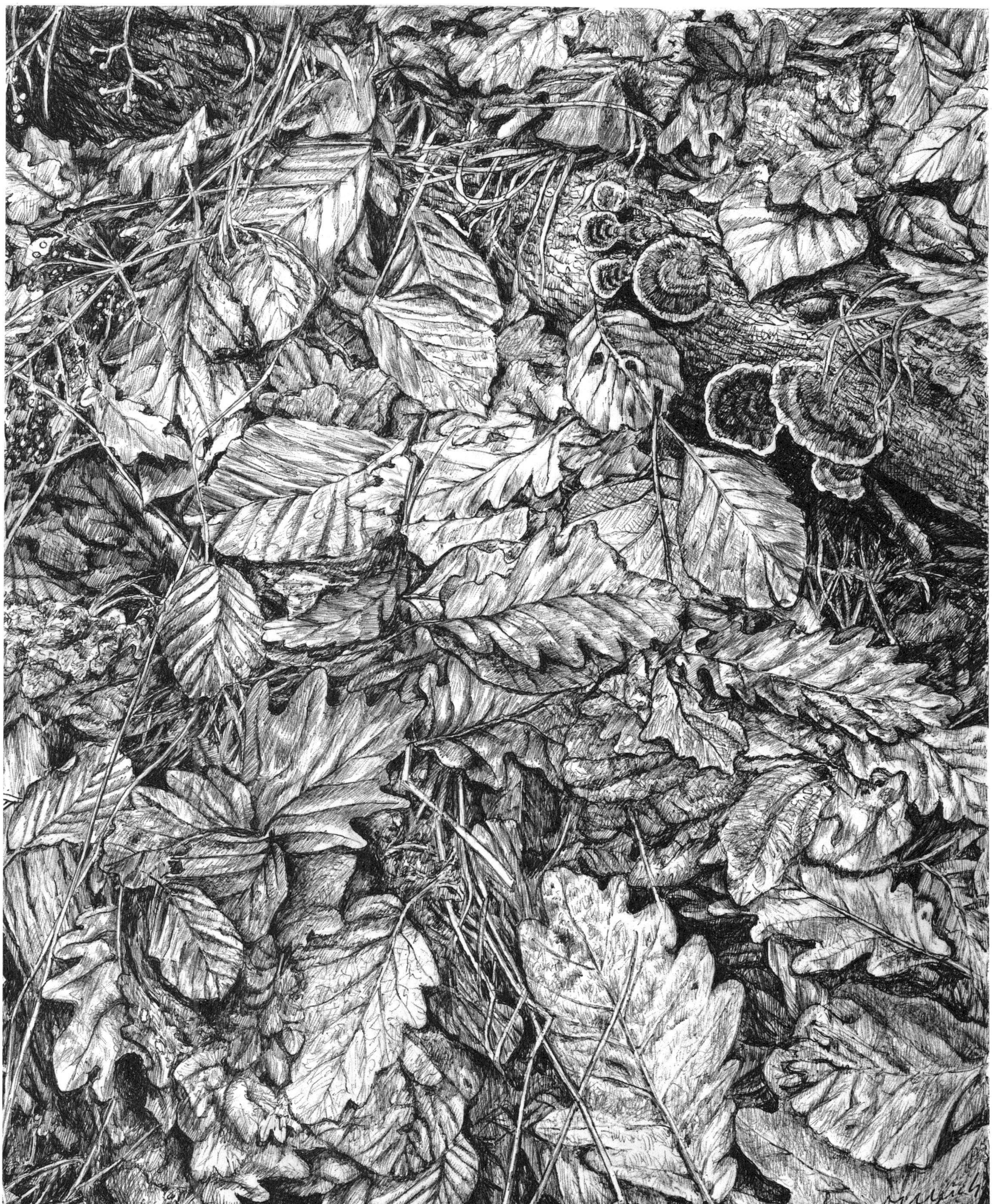

Abgestorbene Tannen, *Abies alba* Mill.,
am Steinlewasen, Hochvogesen, 1000 m ü. d. M.

Diese Baumruinen waren einst stolze Vogesentannen, die in abgelegenen Berglagen bis zum natürlichen Ende standen. Solche Weißtannen, von 1,30 bis 1,50 m Durchmesser konnten ohne stark mechanisierte Bewirtschaftung nicht leicht geschlagen werden, fielen kernfaul den Stürmen zum Opfer und brauchten Jahre, um zu vermodern. Ein urwaldartiges Bild, heute kaum mehr denkbar. Sie hatten dem Auerhahn unvergleichliche Lebensbedingungen geboten. Im Schutze des Fallholzes gab es für ihn ungestörte Nistmöglichkeiten, deren Verschwinden eine der Hauptursachen seines Rückgangs ist.
In den Vogesen wurde die Weißtanne zum Lieblingsbaum der Forstwirtschaft. Die »ligne bleue des Vosges« und der Weihnachtsbaum sind im Volksbewußtsein mit der Tanne eng verbunden. Die kerzenähnlich aufrechtstehenden Fruchtzapfen – deren Stiel nach Abfall der Schuppen am Ast bleibt – haben vielleicht die Tanne zum Weihnachtsbaum gemacht. Geiler von Kaysersberg berichtet, daß dies 1521 in Schlettstadt zum ersten Mal geschah.[32] Aber schon 1448 gab es eine Verordnung der Gemeinde Ammerschwihr, welche die Entnahme von Tannenbäumen betrifft.
Die Weißtanne kam relativ spät, etwa um 3000 v. Chr. aus den süd-west-europäischen Refugien in unsere Gebirgswälder, wo sie die schon eingewanderten Eichen-Buchenmischwälder antraf. Hier konnte sie sich als Schattbaum vortrefflich behaupten, denn sie fand, was sie brauchte: warmes Haupt, kühlen Fuß, mäßig feuchte Luft, gut durchwässerten, tiefgründigen Boden in mittleren Gebirgslagen. Es gab Tannen, die 50 Meter hoch und 1,70 m dick wurden. In den Karpaten maß man solche von 68 m Höhe. Ihr Holz wächst schnell und besitzt hervorragende Eigenschaften. Überschreitet die Weißtanne die 1000 Metergrenze, so neigt sie zu Krüppelwuchs, ihr Wipfel flacht ab zum »Storchennest«. – Sie ist vom Waldsterben besonders betroffen, wo das ökologische Grenzgebiet in Anbetracht der veränderten Luft- und Klimaqualitäten örtlich weit überschritten sein dürfte.

Sapins près du Markstein

Kandelaberfichte, *Picea excelsa* (Lam. u. DC) Link., auf der Escheck im Rohrbachtal, in 1037 m Höhe. Zur Hälfte abgestorben. Umfang 3,30 m

Herkunft und Umweltbedürfnisse der Fichte oder Rottanne unterscheiden sich merklich von denjenigen der Weißtanne. Im Volksmund wird sie als Weihnachtsbaum auch einfach Tanne genannt. Aus Osteuropa und dem Baltikum kam sie als letzter Einwanderer nach der Eiszeit zuerst in die Ostalpen, dann in den Schwarzwald und letztlich vereinzelt in frische, feuchte Standorte der Hochvogesen. Ortsnamen bezeugen diese alteingesessene Anwesenheit: »Fies« bedeutet Fichte. Vom 17. und 18. Jahrhundert an erfolgten großflächige Anpflanzungen, die 1965 über 11% der Vogesenwaldfläche ausmachten, in manchen Distrikten bis 40%.[29] Nordisch-subalpin geprägt, liebt die Fichte nassen Fuß und feucht-kühles Haupt. Ihre Fruchtzapfen stehen im Jugendzustand wie rote Kerzchen aufrecht, werden dann hängend und fallen als ganze Zapfen ab. Die Nadeln der Rottanne »stechen«. Sie sind nicht wie bei der Weißtanne gescheitelt, sondern allseits abstehend und wie diese spiralig angeordnet. Sie bleiben etwa 6 Jahre grün, ehe sie abfallen. An Orten, an denen die Fichte sich heimisch fühlt, wird sie von typischer Flora begleitet: Farnen, Moosen, Heidelbeere, Rauschbeere, Krähenbeere, Siebenstern, Wintergrün, einer Orchidee, dem Großen Zweiblatt. In günstigen Lagen erreicht die Fichte prächtigen Höhenwuchs. Leider erweisen sich an vielen Standorten Fichtenpflanzungen als ortsfremde Stangenäcker, die den Boden verarmen. – Absonderliche Wurzelbildungen geben Stelzfichten. Bricht der Hauptschaft einer Fichte und treiben die Seitenäste nach oben, so entstehen Kandelaberfichten. Zahlreiche Formbesonderheiten der Fichte erlauben es, wahrscheinlich genetisch bedingte Unterarten festzulegen.

Kandelaberfichte Rohrbachtal

Wetterfichten am Hilsenfirst, Hochvogesen, in 1200 m Höhe

Die nach Westen abfallenden Vogesen-Hochkämme sind großflächig unbewaldet. Doch haben die den subalpinen Wetterverhältnissen trotzenden Baumarten stellenweise bis zur obersten Grenze Fuß gefaßt, Buchen, als niederes Gebüsch, Vogelbeere, Bergahorn, verkrüppelte Waldkiefern, auch Latschenkiefern. Die Rasenflächen bestehen im wesentlichen aus struppigem, vom Weidevieh verschmähtem Borstgras, zwischen welchem Heidelbeer- und Heidekraut als vorherrschende Sträucher in dichten Beständen auftreten.
Am Hilsenfirst erscheint der steinige Boden trotz dichter, verfilzter Vegetation auffällig zerwühlt. Alte eingestürzte Stellungen, Laufgräben, Granattrichter, rostige Stacheldrähte zeugen von den Stahlgewittern, die 1914 bis 1916 in diesen Hängen einschlugen.
Heute haben Fichten die alten Granatlöcher erobert. Doch nur mühsam und zögernd kommen sie hoch, als seien sie herrenlos flatternde Fahnen.

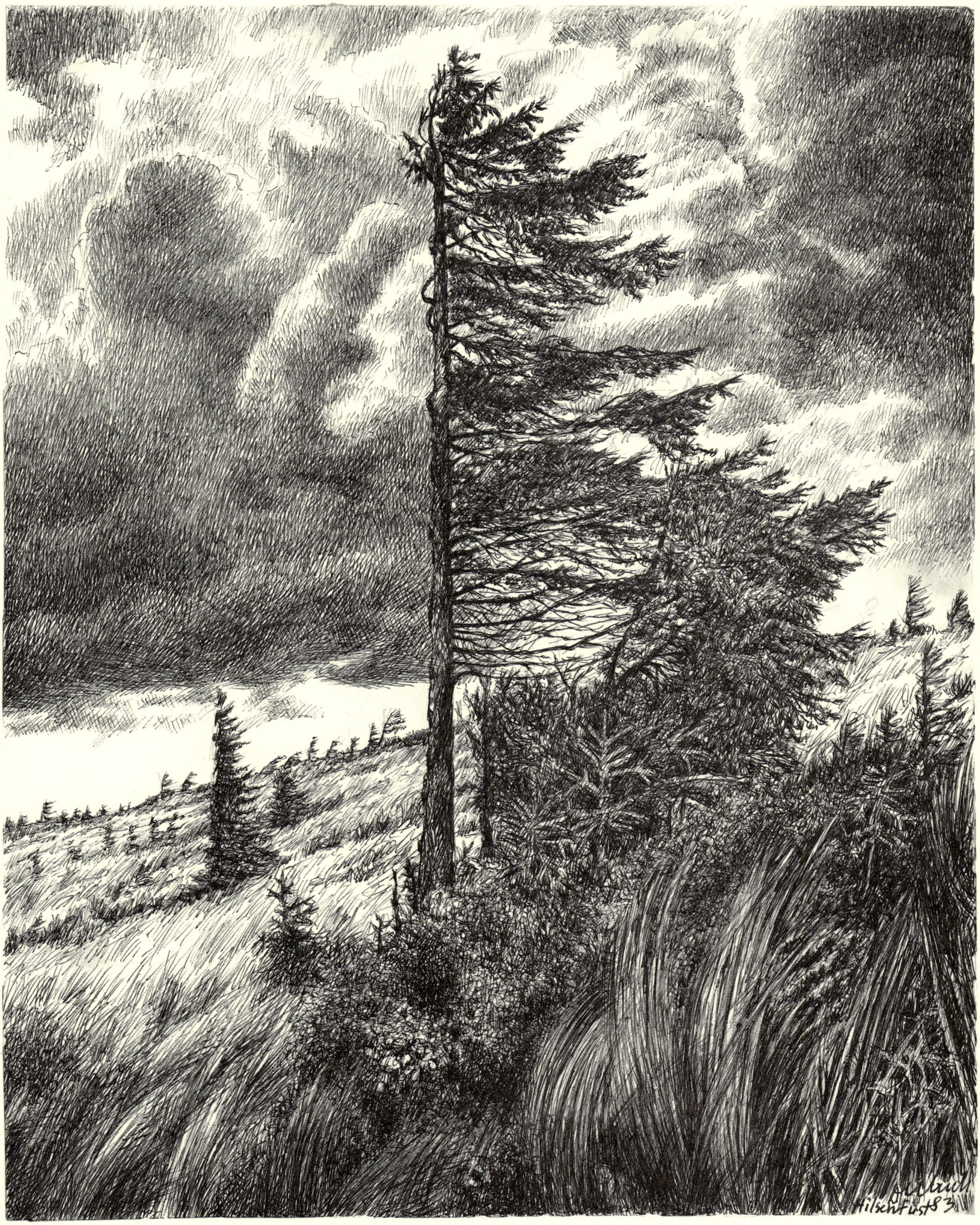

Skelett einer Fichte, am Spitzkopf, in 1300 m Höhe. Hochvogesen

Waldesdunkel weckt bei den meisten Menschen ein Gefühl des Unbehagens, der Unsicherheit oder der Angst. Allein der Gedanke, nachts im Walde zu sein, gibt ihnen Gänsehaut. Die Ursachen solchen Verhaltens lassen sich wohl auch durch atavistische Empfindung und Vorstellung erklären. In den Wäldern waren einst reale Erlebnisse im Zusammenhang mit Wildtieren, Räubereien und Unfällen, mit Naturgewalten nichts Außergewöhnliches. Andererseits hat der Mensch auch die Tendenz, für alle ihn beeindruckenden und ihm mysteriös bleibenden Phänomene eine Erklärung zu suchen, auch wenn sie nur scheinbare Beziehungen zwischen Ursache und Wirkung »feststellt«. Ein Beispiel: das Wort Hexe kommt von »Hag-Zische«. Das bedeutet das Geräusch, das Eulen nachts in den Hecken als Anwesenheitssignal ertönen lassen. Harmlos, doch ungemein anregend für unsere Phantasie, die alsbald »böse Geister« wittert, die zischen – und zudem noch weiblich sein müssen. Warum »böse«? Weil Zischen als drohende Gebärde verstanden wird. – Aber auch Sichtbares nimmt im Dämmerlicht Formen an, die mächtig auf das Gemüt wirken. Eine vom Sturm geworfene Fichte wird im Mondschein mit ihren gebleichten Ästen zum Ungeheur, dessen dürre, säbelförmige Glieder sich biegen und strecken können!

Einen trockenen Fichtenast nagelten wir ans Scheunentor, als primitiven Barometer, eigentlich Hygrometer: Bei feuchter Luft bog er sich nach unten, bei Sonnenschein bewegte er sich nach oben. Dazwischen war es »veränderlich«.

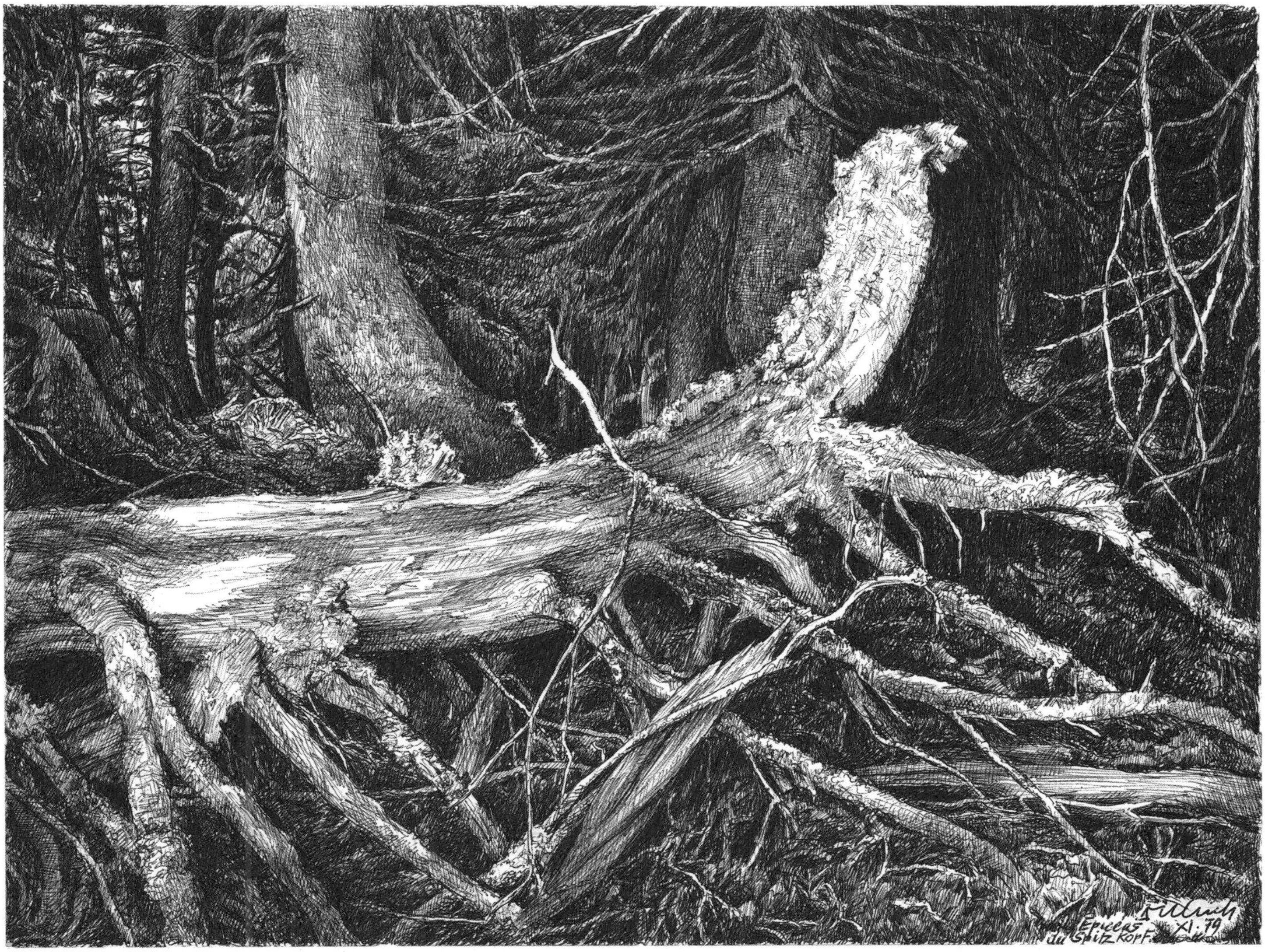
XI.79
Epiceas
du Spitzkopf

Fichtenzapfen, Darstellung von Wuchs und Form

Das Baumsystem kann als eine in der Natur häufige Grundform gelten, bestehend aus Wurzel, Stamm und Krone, die wir am Blatt mit Stiel, Rippen, Verästelungen wiederholt finden. Auf dieser festen Grundform entwickelt sich die spezifische Vielheit, deren Evolution einem Fließenden gleicht, das nie einen absolut geradlinigen Lauf befolgt, sei dieser anscheinend noch so gerade. Unaufhörlich wird es abgebogen, in Kreis- und Spiralbewegungen gebracht, wie das Fließen des Wassers oder das Strömen der Luftmassen. Der Wuchs der Pflanze wird dadurch genau so entscheidend beeinflußt wie die Entwicklung eines Ammoniten, eines Fisch- oder Vogelkörpers. Vom Makromolekül zum Spiralnebel regt es sich in Wirbeln und Drehungen. Am Baum entdecken wir Wellenstrukturen und Spiralen, aus denen wir ersehen können, daß das Urelement Wasser hier mit seinen ätherischen Kräften tätig ist.[33] Am Beispiel des Fichtenzapfens kommt der Drehwuchs der Schuppenansätze schön zum Ausdruck. Nadeln und Astansätze sind ebenfalls spiralig angeordnet. Andere Pflanzen zeigen sogar multiple Spiralen von ungleicher Drehung, wobei sich einzelne, am selben Stiel, in entgegengesetzter Richtung bewegen. Es sieht aus, als hätten die Wachstumszentren, die Meristeme, den Trieb, sich in helikoidaler Oszillation zu drehen.

Die Form des Fichtenzapfens gleicht derjenigen des Baumes selbst. Bei beiden liegt die Haupttriebkraft im Spitzenmeristem (Akrotonie), untergeordnet dann, nach der Mitte des Schaftes zunehmend, in den Seitenmeristemen der Äste bzw. der Schuppenstiele. So entsteht bei ungestörter Korrelation der Teile die bei der Fichte spitzovale Form des Baumes und des Zapfens.

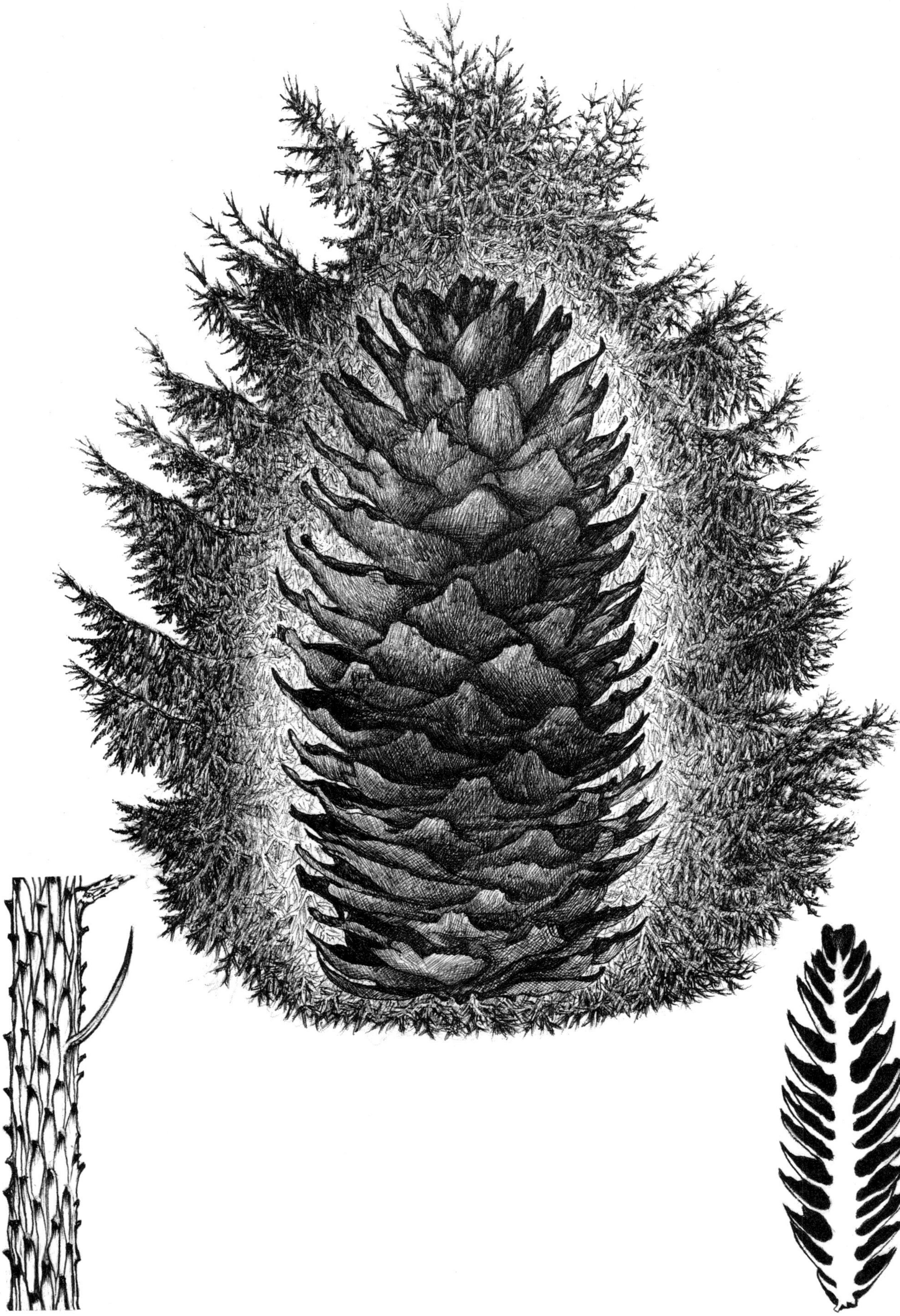

Eibe bei Hinterstein im Bärgründletal, Oberallgäu.
Umfang 3,50 m. Das geschätzte Alter von 2000 Jahren
dürfte zu hoch gegriffen sein, es könnte bei 1000 Jahren liegen

Mehrere steinharte, geschundene Schäfte bilden einen zerklüfteten, knotigen Stamm, aus dem gespenstische Gestalten herausschauen. Man fragt sich, wie in dem fast rindenlosen Holz noch Saft zu den wenigen grünenden Zweigen hinaufsteigen kann. Eine wahrhaft ergreifende Erscheinung!
Bei sehr langsamem Wachstum mag eine solche Eibe von 1,35 m Schaftdurchmesser über 1000 Jahre alt sein, ohne dabei besonders aufzufallen. Es wunderte mich deshalb nicht, daß im Bärgründletal bei Hinterstein, im Berchtesgadenerland, Ausflügler an einer der ältesten Eiben vorbeigingen, ohne ihr Beachtung zu schenken.
Die Naturfreunde müssen heute, wenn sie sich nicht mit Eiben als Zierbäumen in Gärten und Parkanlagen zufriedengeben wollen, die seltenen, noch frei in der Natur überlebenden aufsuchen oder auf regelrechten Pilgerfahrten alte Friehöfe oder Kultstätten der Normandie und Schottlands sich zum Ziel setzen.

2000 jährige Eibe Hinterstein

# BÄUME DER HÖHEREN GEBIRGSLAGEN

Lärche, *Larix europaea* DC.,
La Colmiane im Mercantour (Alpes maritimes),
in 1700 m Höhe. Umfang 4,50 m

*In der subalpinen Zone der Alpen liegt die Waldgrenze je nach den Lokalverhältnissen zwischen 1800 und 2500 m ü. M., sogar bei 2800 m, wenn man vereinzelte »Pioniere« berücksichtigt. Bekanntlich ändert sich diese Höhengrenze mit dem Breitengrad. Am Himalaya steigt sie bedeutend höher, während sie in den Hochvogesen gerade noch im Bereich des 1426 m hohen Belchen-Gipfels zu suchen ist. Die Alpen besitzen geschlossene und aufgelockerte Waldbestände, vorwiegend aus Lärchen, Fichten, Waldkiefern, Wacholder, mit Bergahorn, Bergulme, Weidenarten, Vogel- und Mehlbeere, Winterlinde, Esche, Birke, die alle auch weiter unten vorkommen. Als echte Hochalpenbäume, nahe der alpinen Randzone, sind ausschließlich Latsche und Zirbelkiefer oder Arve zu betrachten. Zusammen mit Krüppelwacholder erreichen sie die höchsten Standorte europäischer Gebirge.*

In ihrem sommergrünen, luftig-hellen Gewand lassen uns die Lärchen die Lichtfülle ihrer Landschaft empfinden, dort, wo nahe der Waldgrenze Alpenrosen, Schneeheide, Wohlverleih in reichen Blumengesellschaften sich zusammenfinden. Im Winter fallen die weichen, kälteempfindlichen Nadeln ab; sonst teilt die Lärche den Kältewiderstand der Fichte und der Zirbelkiefer, verträgt sowohl feuchtkalte als trocken-warme Luft, braucht aber viel bewegliches Bodenwasser. Urwüchsige Lärchen stehen noch vereinzelt an Felsen und Steilhängen. Zu viele, die ich vor 30 Jahren in Tirol oder im Mercantour sah, wurden ihres rötlich und gelb gemaserten Holzes wegen für Chaletbau und »rustikale« Möbel gefällt. – Als echter Alpenbaum entwickelte die Lärche geographisch bestimmte Abarten, deren Eigenschaften sich durch Anpassungsvorteile unterscheiden lassen. Sie ist bis in die Ebene eingeführt und erfreut uns im Herbst mit ihrer goldenen Pracht.

*Vieux Mélèze La Colmiane*

Zirbelkiefer, Arve, *Pinus cembra* L.,
am Hang der Kleinen Scheidegg, Berner Oberland

Erreichen wir in den Alpenhochtälern die Waldgrenze, so fallen uns da und dort zwischen Felsgeröll und Rhododendronbüschen dunkelgrüne Baumkronen auf, deren wuchtiger Stamm sie von weitem schon als Zirbelkiefern oder Arven erkennen läßt. Aus einem der Wipfel fliegt ein Tannenhäher kreischend davon. Fast beneide ich den freien Vogel: Hier in den Bergeshöhen lebt ein tiefer Behauptungswille, den ich bei diesen im Fels verankerten zähen Arven am stärksten empfinde.
Gleich nach der Eiszeit kletterten die Arven in die Hochalpenregion und brauchten Jahrhunderte, um 2 m dick und 20 m hoch zu werden. Selbst als Kandelaberkiefer mit abgebrochener Krone steht die Arve wie eine Herrscherin über Lärchen, Fichten und Latschen, die es aufgeben, ihr in die höchsten Hänge zu folgen.
Auch hier führt das schöne, gut schnitzbare, rötlich-gelbe und angenehm duftende Holz zu übermäßiger Nutzung. Den Tannenhäher trifft dabei keine Schuld, er wußte schon lange vor den Menschen, daß die Zirbelnuß wohlschmeckende Samen enthält, die allerdings nur alle sechs bis zehn Jahre reifen. Doch gab es Arven genug und für den Tannenhäher nie Mangelzeiten.

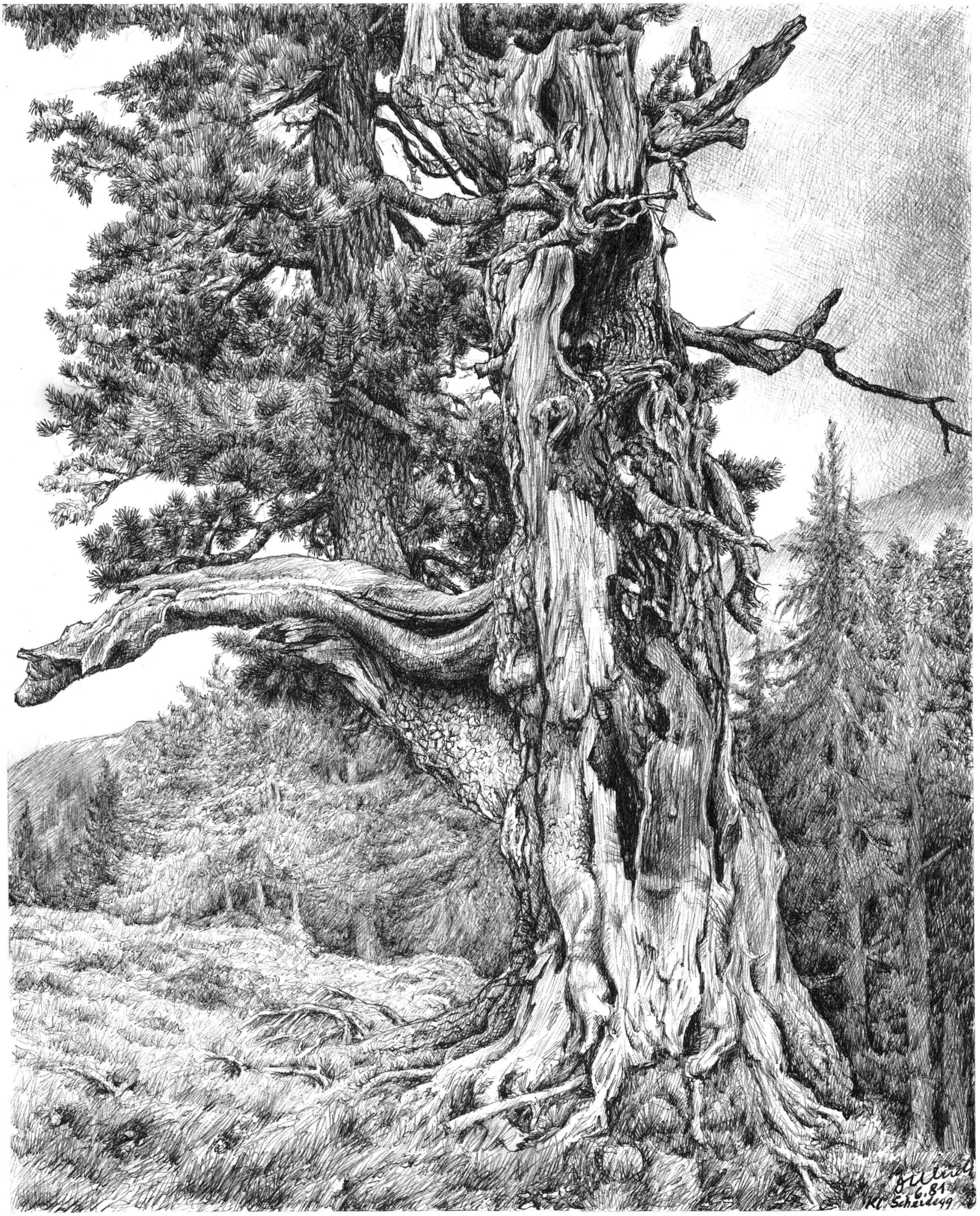
6.81
Kl. Scheidegg

# BÄUME DES MITTELMEERKLIMAS

Mandelbaum, *Prunus amygdalus* Stokes,
bei La Garde Freinet, südliche Provence

*Ölbaum, Korkeiche und Mandelbaum können als typische Vertreter südeuropäischer Pflanzengesellschaften gelten, mit Rosmarin, Zistrosen, Thymian und hartblättrigen Sträuchern der Macchia und der Garrigue. Auch die Edelkastanie ist ein mediterran geprägter Baum. Eher in gebirgigen Orten heimisch und weniger frostempfindlich, konnte sie sich in nördlicheren Gebieten einbürgern. – Wenig bekannt ist die Heldreichkiefer, die nur in manchen Gebirgen des Balkans, Griechenlands und Italiens anzutreffen ist. – Voller Schönheit zeigt sich die Forêt de la Sainte Baume, wo nordische und mediterrane Arten in Rotbuchen-, Eiben- und Flaumeichengesellschaften zusammenleben, ein in Europa einmaliges Nacheiszeitrelikt.*

Mehr als Tausend Jahre vor Christus wurden Mandelbäume in Asien und im nahen Osten kultiviert. Sie gelangten um die Zeitwende nach Italien, erst später, im 16. Jahrhundert nach Südfrankreich, in die südlichen Alpentäler und in das Mittelrhein- und Neckargebiet, wo sie allerdings nur in den wärmsten, submediterranen Lagen gedeihen konnten. Hieronymus Bock erwähnt sie schon 1546. Man erkennt den Mandelbaum am pfirsichbaumähnlichen Blattwerk, an seinen blaßgrünen, länglich-eiförmigen, etwas abgeplatteten Früchten. Die ledrige Hülle und die holzige Schale bergen ein oder zwei Kerne, die eigentliche Mandel, von Cato »griechische Nuß« genannt. Von jeher unterschied man die bitteren von den süßen Mandeln, erstere enthalten ein giftiges, flüchtiges Öl sowie geringe Mengen Zyansäure, die an der Luft oxydiert. Mandeln finden vielfache Verwendung im Haushalt, zur Feinbäckerei, in der Schönheitspflege, in der äußeren und inneren Medizin. »Bittere mandeln gessen, reinign die brust vom zehen eitter... die mandelsüplin dienen den kiechenden hustenden menschen... Bittere mandeln sollen den wein wehren und hinderschlagen das man nit druncken werde.«[16]

Alte Mandelbäume stehen noch in steinigen Garrigue-Landschaften. Die meisten ihrer Äste sind verdorrt und von dichtem Efeu umrankt.

*Amandier*

Ölbaum, *Olea europaea* L., Delphi, Griechenland.
Umfang etwa 6 m. Alter ca. 1500 Jahre, vielleicht mehr

Zeitlos scheinen die Ölbäume am Berghang von Delphi zu sein, auf steinigem Boden, zwischen Gräsern und Mauerresten wuchtig gewachsene, durchhöhlte Gebilde.

Seit mehr als 6000 Jahren werden am östlichen Mittelmeer Ölbäume gepflegt. Sowohl die kleinfrüchtige Wildform, *Olea oleaster,* als auch die gezüchtete Art, *Olea sativa,* kam in die westlichen Mittelmeerländer und später auch überall dorthin, wo zwischen dem 25. und 45. Breitengrad mediterranes Klima vorherrscht. »Alma prima arborum«, sagt Horraz vom Ölbaum, erster Ernährer unter den Bäumen, Vorbild der Eintracht zwischen Mensch und Pflanze. Alles läßt er mit sich geschehen: Schnitt, Formgebung, totale Absägung am Wurzelknoten. Immer wieder schlägt er kräftig aus. Selbst durch Frost scheinbar vernichtet, bringt er neue, gesunde Triebe. Sich selbst überlassen, wird er zum 20 m hohen Baum und weit über 1000 Jahre alt. Unmengen von Oliven trägt er, eine pflaumenförmige, fleischige Frucht mit Steinkern. Man erntet sie im unreifen grünen, aber auch im rötlichen halbreifen oder im schwarzen Reifezustand. Sie wird nach altüberlieferten Rezepten zubereitet, kommt aber hauptsächlich zur Ölgewinnung unter die Presse.

Der Ölbaum stand im Mittelpunkt des Fühlens und Denkens aller Mittelmeerkulturen. Orakelbefragungen, Feste und Spiele fanden im Zeichen geweihter Ölzweige statt, zur Vermittlung friedlicher Gesinnung. Könige und Priester, Tempel und Paläste, auch Athleten salbte man mit Olivenöl, dem Symbol ewigen Lebens. – Bekannt sind im medizinischen Bereich die heilsamen Wirkungen bei Gallenfunktionsstörungen.

In Südfrankreich bemühen sich aktive Vereine, dem Ölbaum jenen Platz wiederzugewinnen, der ihm in kultureller wie in wirtschaftlicher Hinsicht voll gebührt.[36]

*Olivier millénaire* — Delphes 8/77

Heldreichkiefern, *Pinus Heldreichii* Christ, (*Pinus leucodermis* ssp.),
am Südhang des Olymp, Griechenland, 2100 m ü. d. M.

Von Litochorion aus, am Fuße des thessalonischen Olymp, fuhren meine Frau und ich im August 1977 durch bewaldete Schluchten bis zu einem 17 km entfernten Parkplatz, von wo aus wir den steilen Wanderpfad zur zweieinhalb Stunden entfernten Hütte des Griechischen Alpenvereins hinaufstiegen. Üppiger Buchenmischwald mit Tannen *(Abies cephalonica)* und Kiefern *(Pinus laricio)* spendete angenehmen Schatten. Bei 2000 m Höhe lockerte sich der Wald, und nur noch Jungkiefern bevölkerten den steinigen Hang. Oben leuchtete hell im Sonnenlicht der breite, karstige Gipfel des Olymp (2917 m). Ziegenglocken läuteten, schon näherten wir uns der Alpenhütte, die am Rande eines Bergvorsprunges im Schutz einiger mächtiger Kiefern liegt. Von der freundlichen Hüttenwärterin erfuhren wir, daß diese Bäume 800 Jahre alt seien.
Am nächsten Morgen, bei Sonnenaufgang bestiegen wir den Olymposgipfel. Wir hatten gerade genügend Zeit, unsere Blicke über die schroffen Grate und grünenden Wälder zum Meer hinab schweifen zu lassen, als dichter Nebel aufzog und uns zur Rückkehr zwang.

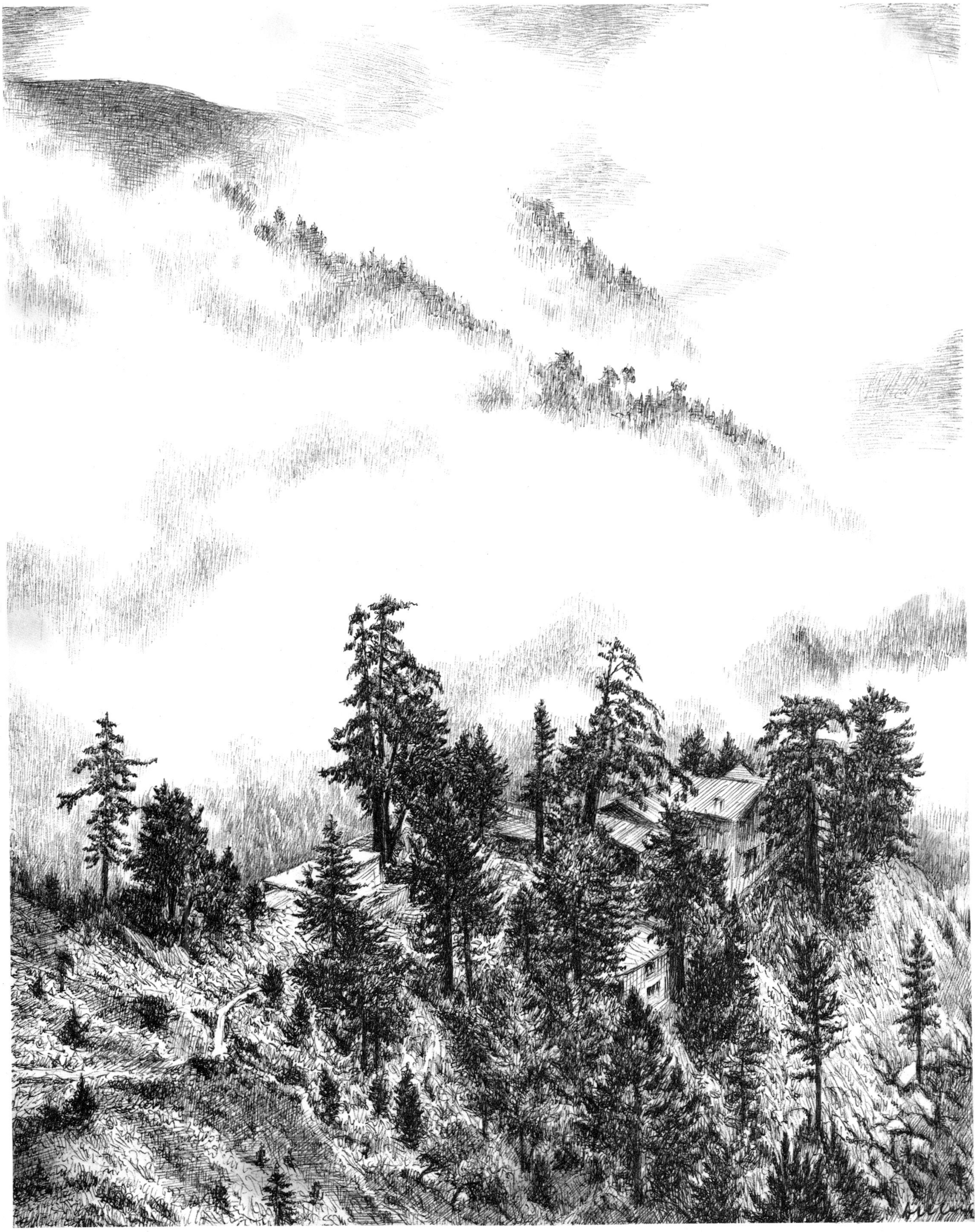

Stamm einer Heldreichkiefer am Olymp,
in 2100 m Höhe. Alter 800 Jahre

Wir bestaunten die massigen Stämme mit der eigenartigen Borke aus regelmäßig aufgeteilten pflastersteinähnlichen Feldern, die dem Baum den Namen »Schlangenhautkiefer« gaben. Es handelt sich um eine der Laricio-Kiefer verwandte Art, die, 1851 von Heldreich entdeckt und von H. Christ beschrieben, den Namen *Pinus Heldreichii* Christ erhielt.[37] Man kennt sie auch unter dem Namen *Pinus leucodermis*. Sie ist in den Balkanländern, besonders in Illyrien und bis nach Italien, auf Dolomitkalkböden zuhause.

Mont Olympe 2000m
Pin. Heldreichii 800 ans

Edelkastanie, *Castanea sativa* Mill.,
beim alten Kloster Chartreuse de la Verne, Provence (Var).
Umfang 6,30 m

Die Edelkastanie stammt aus Kleinasien und kam einige Jahrhunderte vor der Zeitrechnung nach Italien und in die östlichen und südlichen Alpen. Die Römer brachten sie mit der Weinrebe in die Rheinprovinz, wo klimatisch günstige Lagen am Fuße der Vogesen, später des Schwarzwalds sie besonders auf Sand- und Granitböden gut gedeihen ließen. Außer fäulnisbeständigen Rebpfählen liefert der Baum seine Früchte, die Maronen, ein von Mensch und Tier geschätztes Nahrungsmittel.
Uralte Kastanienbäume befinden sich in den Bergen Süd- und Westeuropas, darunter einer von 15 m Umfang bei Thonon (Savoie); in der Bretagne, bei Plessis (Ille et Vilaine), erreicht eine Kastanie 28 m Umfang.
Als Kinder flochten wir aus den Blättern Girlanden und Bekleidungsstücke. Das Auflegen der »Keschde« gehörte zu den herbstlichen Freuden. Geröstet oder gekocht wurden sie abends im Familienkreis mit rissigem »Neuen« verspeist. Hieronymus Bock schien sie nicht sehr zu empfehlen: »Castanien [seien] schwerlich zu verdawen, schaden dem haupt, blehen den bauch... Mein theil will ich den Schwaben und Thüringern schencken.«[16] In der Ardèche verwendet man zum Enthülsen der Maronen Schuhe mit Eisenspitzen, sogenannte »solo de châtaignes«, solo, weil nur ein Mann auf den Maronen herumtanzen kann, selbstverständlich mit Musikbegleitung.
Seit 1948 befällt eine aus Japan über die USA eingeschleppte Pilzkrankheit die Bestände. Viele Bäume strecken nun ihre abgestorbenen Äste in den Himmel.

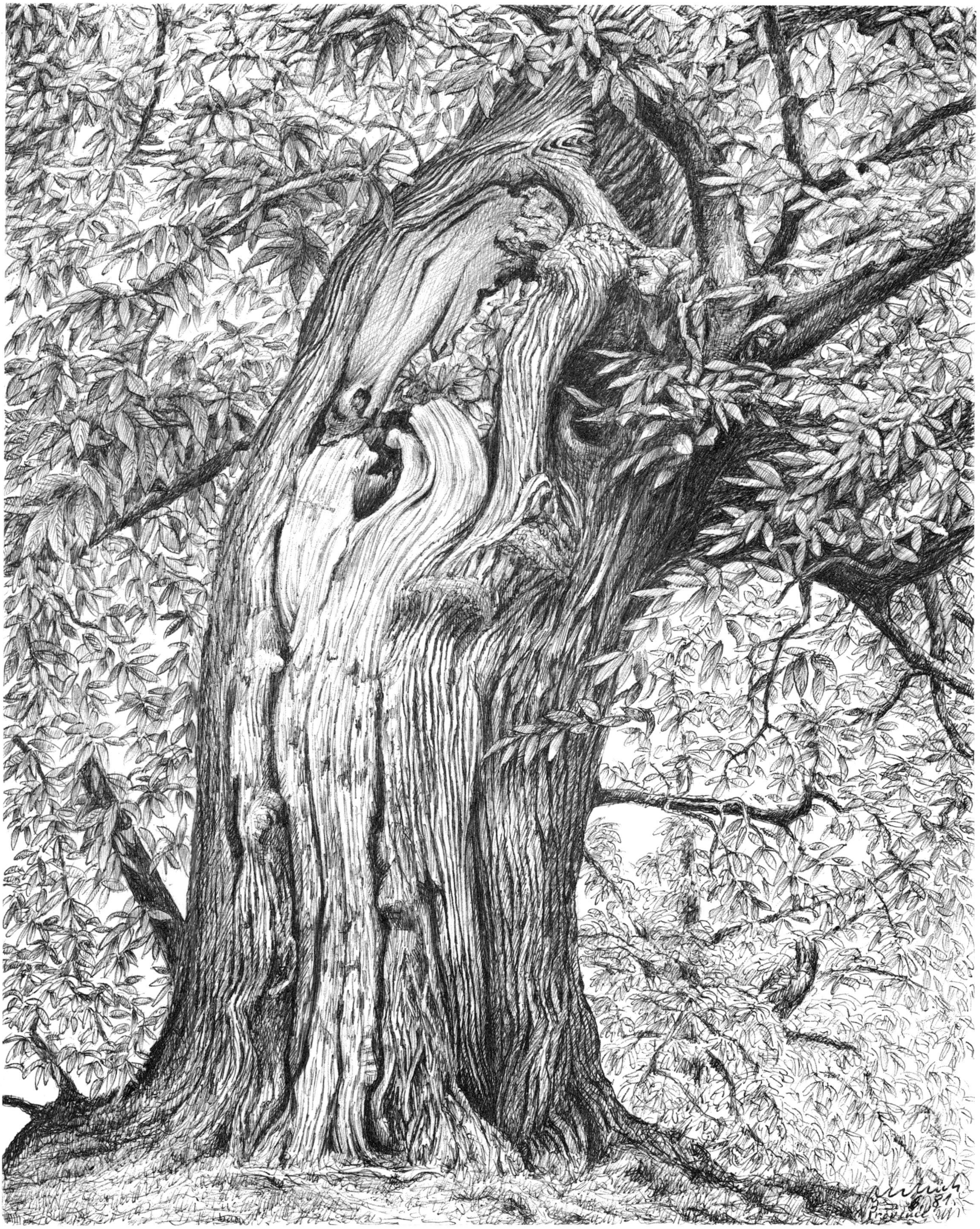

Korkeiche, *Quercus suber* L.,
bei La Garde Freinet, südliche Provence (Var), 1972

Korkeichen wachsen unter engbegrenzten Bedingungen in den westlichen Mittelmeerländern, wo sie viel Licht, stets feuchte Luft, Wärme und kalkarmen Boden beanspruchen. Geschlossene Bestände bilden sie in Algerien, Marokko, Portugal, Südspanien, sie bleiben eher vereinzelt in Italien, in Süd- und Südwestfrankreich (massif des Maures, de l'Estérel) und in den Landes. Seit Beginn des Jahrhunderts ist in Frankreich die 200000 ha betragende Korkeichenfläche auf 100000 ha abgesunken. Das lag daran, daß die französische Korkindustrie nicht mehr konkurrenzfähig war und zudem das Naturprodukt durch synthetischen Ersatz verdrängt wurde.[34] Unersetzlich bleibt der Kork als Flaschenzapfenmaterial für edle Weine – Champagner ausgenommen, da dieser nur feinste Korkaggregate als Verschluß verträgt. Der weniger gute Abfallkork hat vielartige Verwendung im Bau-, Schuh-, Fischerei- und Spielzeuggewerbe. In der südlichen Provence hatte ich einige Mühe, eine alte Korkeiche aufzuspüren, die nicht wie ein gerupftes Huhn, sondern in der eigenartigen Schönheit ihrer dicken, hellgrauen, tiefgefurchten Borke dastand. Solche luftig leichte, isolierkräftige Borke könnte es dem Baum erlauben, dem kältesten Winter zu trotzen, doch die immergrünen Blätter machen ihn ungemein kälteempfindlich.

Ein Provenzale erklärte mir, wie die Korkernte vor sich geht: Die Borke wird bei 20jährigen Bäumen durch »démasclage« geschält. Sie gibt den »liège mâle«, den geringwertigeren »männlichen Kork«. Aus der freigelegten Rindenwachstumsschicht entsteht in 10 bis 12 Jahren der feine »weibliche Kork«, der »liège femelle«. Die Korkernte kann über 200 Jahre hindurch wiederholt werden.

Schön ist der Anblick geschälter Korkeichen nicht. Ich habe das unerklärliche Gefühl, als sei ich irgendwie mitverantwortlich an dieser Art »Schändung«.

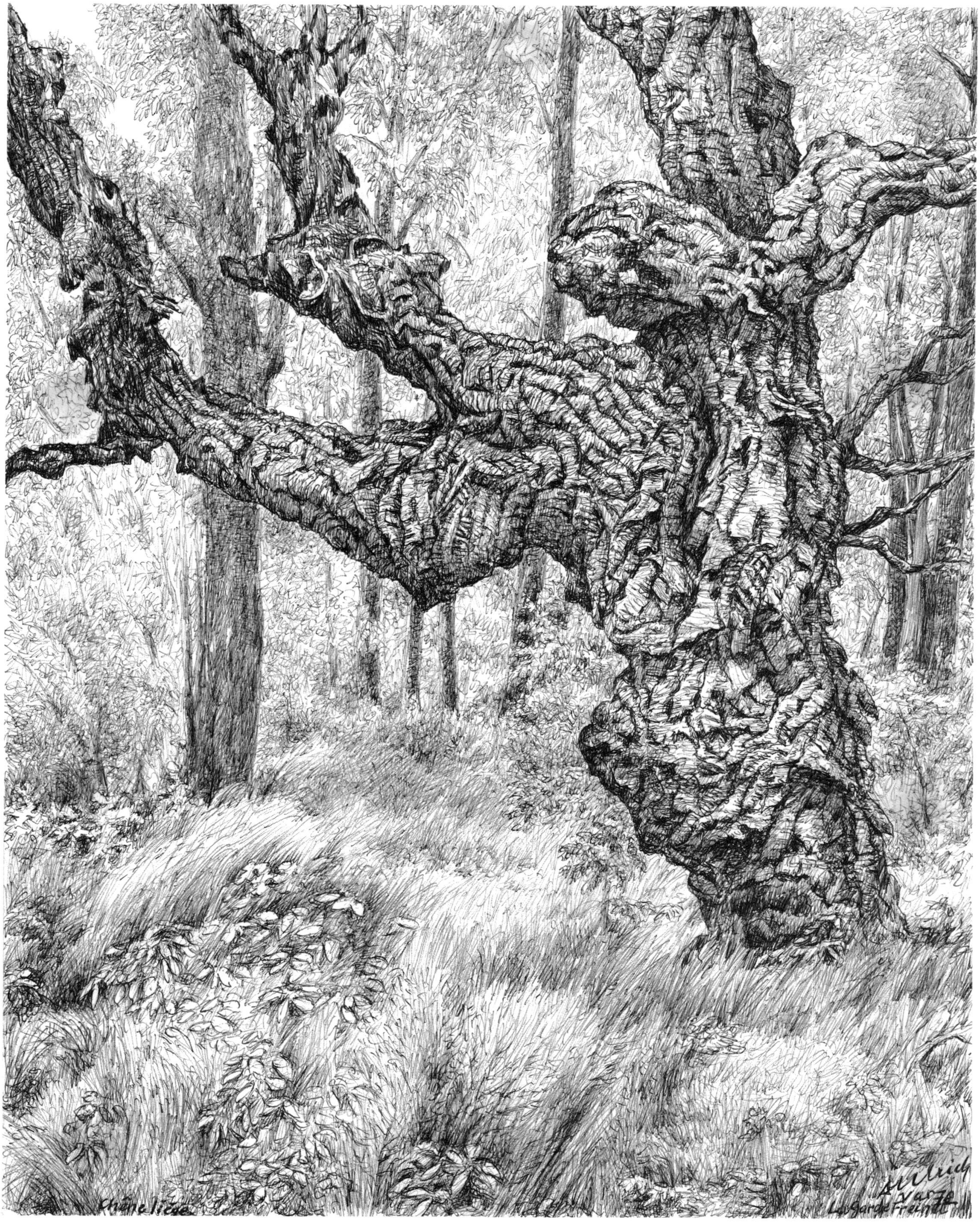
Chêne liège
A Ulrich
Var
La Garde Freinet

## DER RELIKTWALD DER SAINTE BAUME IN DER SÜDLICHEN PROVENCE

Rotbuchen im Wald der Sainte Baume (Var),
am Aufstieg zur Grotte, 800 m ü. d. M.
Durchmesser 80 bzw. 60 cm, Höhe 18–20 m

*Unter den vielartigen Waldlandschaften Europas nimmt die » Forêt de la Sainte Baume « in der südlichen Provence (départements Var und Bouches du Rhône) einen einmaligen Platz ein. In unmittelbarer Nähe von Marseille und Aix-en-Provence ragt ein um 1000 m hohes, west-östlich gerichtetes Voralpengebirge auf, dessen helles Kalkgestein aus gefalteten Schichten der unteren und oberen Kreide besteht.[35] Auf der Nordseite, dem » ubac «, fällt der Fels in Steilwänden ab. Am Fuß der Kette liegt das halb alpine, halb provenzalische Plateau von Plan d'Aups, Ausgangspunkt vieler Ausflugswege, deren meistbegangener die heilige Grotte oben im Fels zum Ziel hat.*

An diesem Nordhang erstreckt sich der berühmte Wald, dessen Wipfel an den Felswänden emporragen, ein erstaunliches Waldrelikt mit Baumarten, die während der weiter nördlich vor 10000 Jahren noch herrschenden letzten Eiszeit wohl schon da waren. Es herrschen hier »ozeanische« Klimafaktoren mit hoher Luftfeuchte und 900 mm Jahresniederschlägen. Mäßig warme, auch kühle Standorte wirken sich im besonderen für Rotbuche und Eibe günstig aus.

*Hêtres à La Ste Baume*

Größte Rotbuche der Sainte Baume,
am Wanderweg von den Trois Chênes zum Pas de l'Aï, in etwa 900 m Höhe.
Aus mehreren Stämmen zusammengewachsen.
Umfang 5,33 m. Die Krone bedeckt einen Umkreis von 25 m

Zu den Rotbuchen und Eiben der Sainte Baume gesellen sich Ahornarten, Linde, Vogelbeere, Wildapfel, dann die Flaumeiche, die als südliche Eichenart in den umliegenden Waldgebieten vorherrscht. Im Unterholz kommen überall Stechpalme und Efeu vor, beides typische Indiaktoren atlantischer Umweltverhältnisse. Auf trockenen, lichten Stellen stehen Waldkiefern. Sie lieben die winterlichen, kurzen Kälteperioden, bei denen manchmal meterhoch Schnee fallen kann.

Dieser eigentliche Buchenmischwald repräsentiert nur eine engbegrenzte Erscheinung innerhalb des heimischen Flaumeichenwaldes, der die Talsohlen und unteren Hänge einnimmt und in vielen Lokalaspekten vorkommt. In der Strauchschicht trifft man Liguster, Geißblatt, Haselstrauch, Schlehe, Weißdorn, Mehlbeere, Schneeball, Pfaffenhütchen, Felsenbirne, ferner Leberblümchen, Akelei, Waldveilchen, Tollkirsche, Türkenbund usw., wobei die nordisch-euro-sibirischen Arten die mediterranen weit übertreffen.[35] Unerklärt bleibt das Fehlen des Buchsbaumes, der sonst überall häufig ist, z. B. in der nahen Sainte Victoire.

Die meisten Bäume der Buchengesellschaft sind nicht sehr alt. Unter den stärksten hochstämmigen Buchen hat kaum eine mehr als 80 cm Durchmesser, was einem Alter von 150 bis 200 Jahren entsprechen mag. Die größte, hier gezeigte Buche mißt 5,33 m im Umfang. Die Blätter sind eher klein, wohl infolge der im Sommer geringeren Luftfeuchtigkeit.

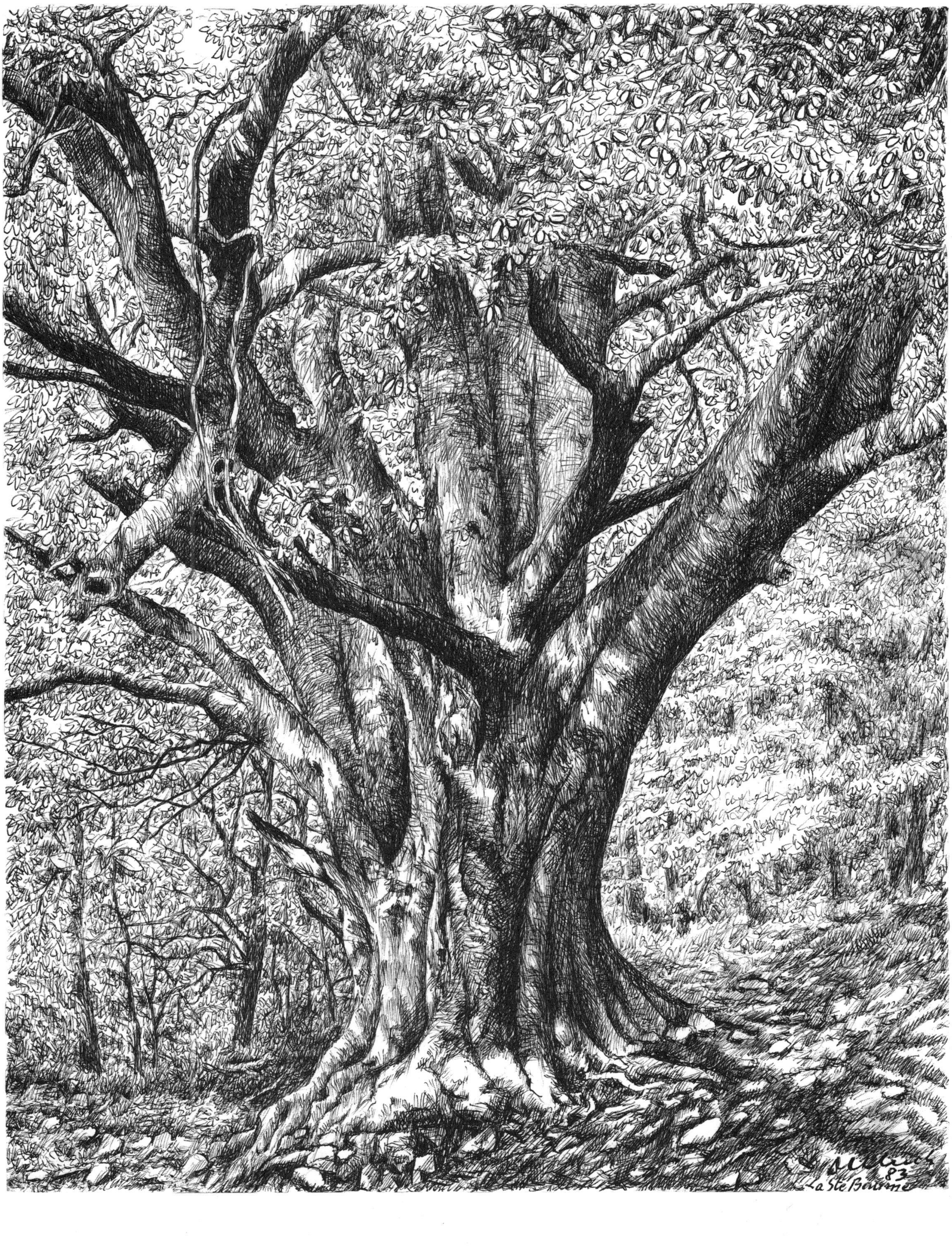
83
La Ste Baume

Drehwüchsige Eibe in der Sainte Baume.
Durchmesser 65 cm. Alter 350 Jahre,
verglichen an den Jahresringen einer in der Nähe geschlagenen Eibe

Eiben gehören zum Hauptbestand der naturhaften Vegetation der Sainte Baume, wo sie vom Keimling bis zum 500jährigen Baum vertreten sind. Ihr dunkles, schwarzgrünes Geäst, die braunviolettschimmernde Rinde gibt dem Waldesinneren ein düsteres Gepräge, geheimnisvoll kontrastierend mit den sonnig leuchtenden Buchenkronen. Unweit der Sainte Baume-Grotte fand ich eine auffallend gewundene Eibe, mit geradem, astfreiem Stamm von 65 cm Durchmesser. Wie kam solch regelmäßige Spirale zustande? Kein ähnlich perfektes Beispiel fand ich im ganzen Wald. Genügt die Erklärung, wonach sowohl das apikale Meristem wie auch die Seitenmeristeme am Drehwuchs beteiligt waren und keine unteren Seitenäste aufkommen ließen, wie das bei den meisten Eiben der Fall ist? Sind diese Drehimpulse genetischer Natur, oder spielt eine im Boden wirksame Wasserdynamik[33] die Hauptrolle?

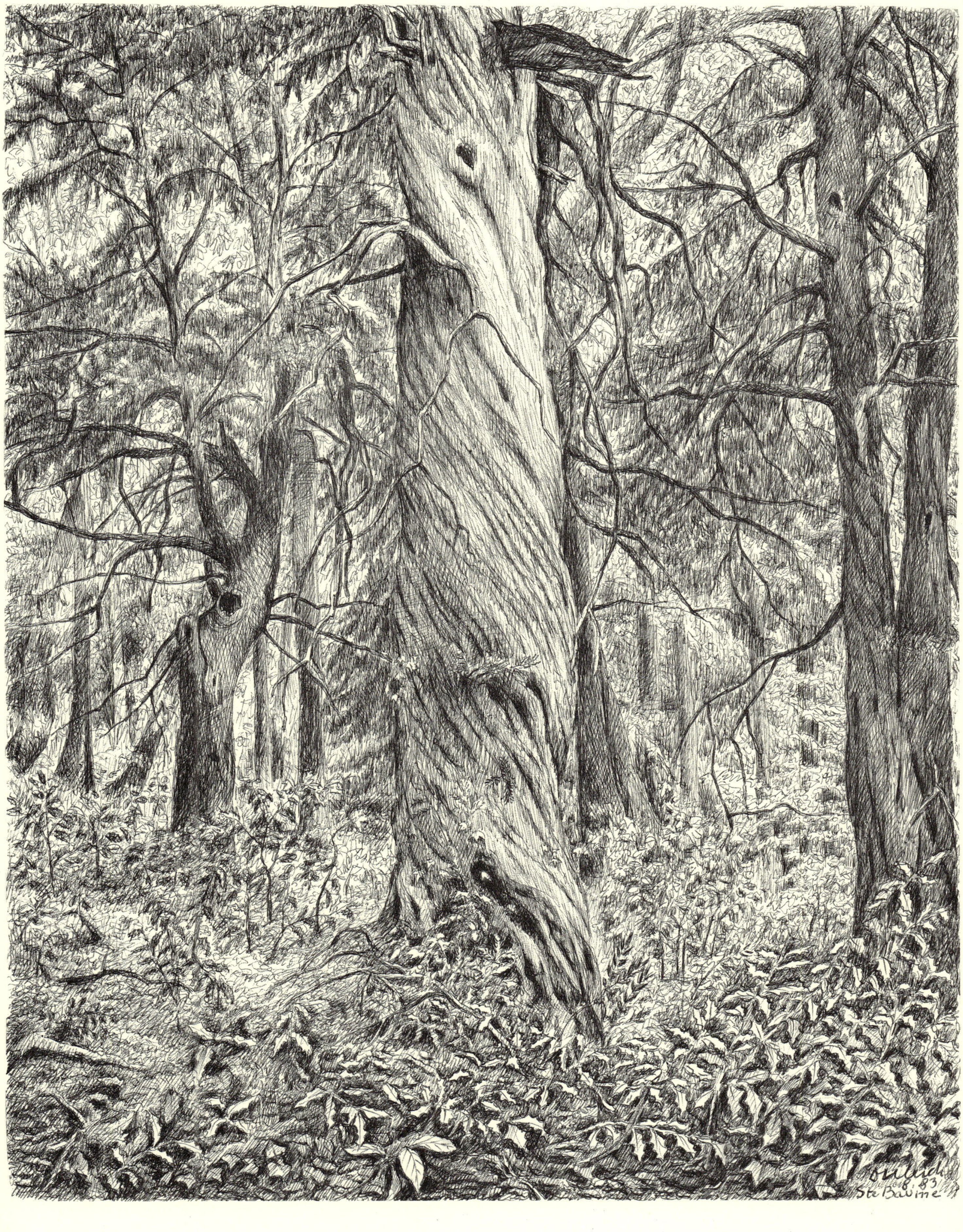
8. 83
Ste Baume

Alte Flaumeiche, *Quercus pubescens* Willd., bei Vinon (Var). Umfang 4,80 m

Gebirge und Täler der Provence sind die heimatlichen Standorte der Flaumeiche, welche als massige Altbäume mit breit ausladender Krone die Garrigue und die Macchia überschatten. In Süd- und Mitteleuropa verbreitet, drang sie bis nach Süddeutschland und in die Vorhügel der elsässischen Vogesen vor, wo sie allerdings in nur kleinwüchsigen Exemplaren auftritt. Ihre buchtig-fiederlappigen Blätter gleichen denen unserer Stieleichen, sind aber sofort an der weißflaumigen Unterseite zu erkennen, der sie den provenzalischen Namen »chêne blanc«, Weißeiche, verdankt. Ihre Borke teilt sich am unteren Stamm in quadratische Brocken auf.
Die Flaumeiche ist die Leitart bestimmter Wald- und Strauchgesellschaften. In der Sainte Baume trifft sie sowohl mit den nördlich-atlantischen Rotbuchen und mit Waldkiefern, als auch mit rein mediterranen Arten, wie Kermes- und Steineichen, zusammen. Sie bevorzugt lichte Standorte warmer Kalkböden, auf Talsohlen und an Nordhängen. Vereinzelten, mehrere hundert Jahre alten Recken begegnet man an Wegkreuzungen, auf Geröllhügeln, an Feldrändern, sofern sie den landwirtschaftlichen Betrieb nicht hindern.

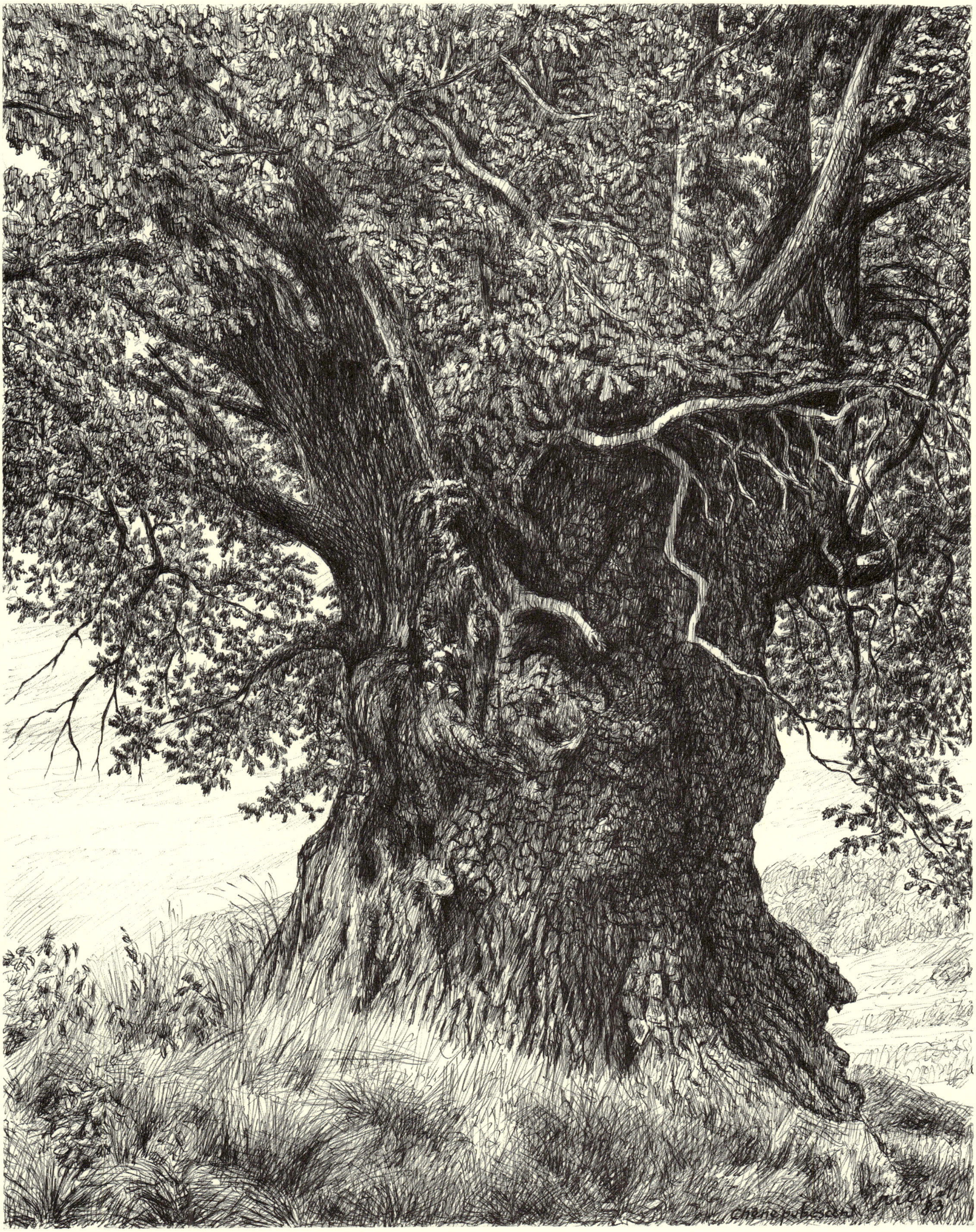
chêne pubescent

Uralte Flaumeiche bei Jouques (Bouches-du-Rhône).
Umfang 6 m, Efeustamm 40 cm

Dichtes Unterholz und Eibengeäst lassen das Waldesinnere der Sainte Baume dunkel erscheinen. An steinigen Pfaden bei den Felswänden strömt Licht in dichtes Gestrüpp und phantastisch geformtes Krüppelholz, zwischen Moos- und farnbedecktem Geröll. Unzählige Höhlen bildete der Berg, sogenannte »Bau« (balma, baume), weite, trichterförmige Vertiefungen, manche früher als »glacières« gebraucht, worin man Vorräte speicherte. Dann Grotten, allen voran die Sainte-Baume-Grotte, die dem Berg den Namen gab, in der Steilwand auf einem schmalen Felsvorsprung gelegen, den höchsten Baumwipfeln gegenüber. Seit Urzeiten fanden hier Menschen Anregung zu mythischem Denken und volkstümlichen Kulthandlungen. Der Tradition zufolge sollten junge Ehepaare den ersten Eichbaum, den sie antrafen, umarmen und die hl. Magdalena um Kindersegen bitten. Das Reiben des Gesäßes an der Borke gehörte zum Fruchtbarkeitsritual. Zu Beginn unserer Zeitrechnung soll der Legende nach die heilige Magdalena sich als reuige Büßerin in die Einsamkeit der Grotte zurückgezogen haben. Bald strömten Pilger zu dem geweihten Ort, darunter Päpste, Grafen der Provence, Könige Italiens und Frankreichs. Im 19. Jahrhundert ersetzte eine Abtei das während der Revolution zerstörte Kloster. Der Wald stand unter päpstlichem und königlichem Schutz. Bei Exkommunikation war es verboten, Bäume anzurühren.
Heute ist der Sainte-Baumewald unter der Obhut des Office National des Forêts (ONF). Es werden regelmäßige Pflege- und Räumungsarbeiten vorgenommen, kernfaule und abgestorbene Bäume entfernt. Man versucht in die Evolution einzugreifen, indem man gewisse vordrängende Arten, wie Stechpalme, Eiben, auch Flaumeichen in Schach hält, um eine natürliche Verjüngung der Buchen zu begünstigen. Von einem sich selbst überlassenen Urwald kann keine Rede mehr sein.

Chêne pubescent Vauvenargues

# BÄUME, WER SEID IHR?

BÄUME, WER SEID IHR?

Und Gott der Herr pflanzte einen Garten in Eden gen Morgen und setzte den Menschen drein, den er gemacht hatte.
Und Gott der Herr ließ aufwachsen aus der Erde allerlei Bäume, lustig anzusehen und gut zu essen, und den Baum des Lebens mitten im Garten und den Baum der Erkenntnis des Guten und Bösen.

*1. Mose 2, 8 f.*


Sie sehen den Zedernberg, die Wohnung der Götter, hoch oben den heiligen Tempel Irninis. Vor dem Tempel stehen die Zedern in prächtigster Fülle. Der Schatten der Bäume tut den Wanderern wohl, die Zeder ist voller Jubel. Unter ihr kriecht das Dornengestrüpp, und dunkle Sträucher grünen im Moos. Schlinggewächse und duftende Blumen bergen sich unter der Zeder im dichten Gebüsch.

*Aus dem Gilgamesch-Epos*


Der Park der Götter lag vor ihm; er sah ihn. Er geht mit eiligen Schritten auf den Garten der Götter zu. Rubine sind seine Früchte, rankende Reben hängen da, wundervoll anzuschauen; Lapislazuli trägt ein anderer Baum, und mancherlei andere Früchte, begehrenswert anzusehen, tragen die Bäume des Gartens. Lockend glänzt in den Strahlen der Sonne der Garten.

*Aus dem Gilgamesch-Epos*


Ich kenne jenen Purusha, den großen,
Jenseits der Dunkelheit wie Sonnen leuchtend;
Nur wer ihn kennt, entrinnt dem Reich des Todes;
Nicht gibt es einen andern Weg zum Gehen.

Höher als der nichts andres ist vorhanden,
Nichts Kleineres und nichts Größeres, was auch immer,
Als Baum im Himmel wurzelnd steht der Eine,
Der Purusha, der diese ganze Welt füllt.

*Aus der Çvetaçvatara-Upanishad*


Die Wurzel hoch, die Zweig' abwärts
Steht jener ew'ge Feigenbaum;
Das ist das Reine, ist Brahman,
Das heißet das Unsterbliche;
In ihm die Welten all ruhen,
Ihn überschreitet keiner je.

*Aus der Kâthaka-Upanishad*

»Gleichwie ein Baum, des Waldes Fürst,
So ist der Mensch, das ist gewiß.
Die Haare sind an ihm Blätter,
Die Haut der Außenrinde gleicht.
Aus seiner Haut entströmt das Blut,
Wie aus des Baumes Haut der Saft;
Es fließt aus dem Verwundeten,
Wie Saft des Baums, wenn er verletzt.
Das Fleisch dem Holz vergleichbar ist,
Dem Bast die Sehne, darum stark.
Die Knochen sind das Innenholz,
Das Mark vergleicht dem Marke sich.
Es wächst der Baum, wenn man ihn fällt,
Aus seiner Wurzel wieder neu. –
Aus welcher Wurzel wächst hervor
Der Mensch, wenn ihn der Tod gefällt? –
Sagt nicht, daß es der Same sei;
Denn der entspringt dem Lebenden,
Wie aus dem Samenkorn der Baum,
Noch eh' er tot ist, neu erwächst.
Reißt man ihn mit der Wurzel aus,
So kann der Baum nicht wachsen mehr; –
Aus welcher Wurzel wächst hervor
Der Mensch, wenn ihn der Tod gefällt? –
Nicht wird geboren, wer geboren;
Wer sollte neu erzeugen ihn?«

»Brahman ist Wonne und Erkenntnis,
Des Gabenspenders höchstes Gut
Und des, der absteht und erkennt.«

*Aus der Brịhadâraṇyaka-Upanishad*

Ich bin das Hervorgehen am Tage,
der Herr des Lebens in der Gegenwart des Osiris.

Siehe, dein Besitz bleibt allezeit!
Die Sykomore hat mich umarmt,
die Sykomore hat sich mit mir vereint...

*Totenbuch der Ägypter, aus Spruch 64*

Ich kenne jene beiden Sykomoren aus Türkis,
zwischen denen Re hervorgeht,
damit er auf der »Erhebung des Schu [Himmel]« dahinziehe
an jenem Tag des Herrn des Ostens, aus welchem Re hervorgeht.

*Totenbuch der Ägypter, Spruch 109*

Und als sie gekommen waren in das Land, zog Abraham durch bis an die Stätte Sichem
und an den Hain More; es wohnten aber zu der Zeit die Kanaaniter im Lande.
Da erschien der Herr Abram und sprach: Deinem Samen will ich dies Land geben.
Und er baute daselbst dem Herrn einen Altar, der ihm erschienen war.

*1. Mose 12,5 ff.*


Und Josua schrieb dies alles ins Gesetzbuch Gottes und nahm einen großen Stein
und richtete ihn auf daselbst unter einer Eiche, die bei dem Heiligtum des Herrn war,
und sprach zum ganzen Volk: Siehe, dieser Stein soll Zeuge sein über uns,
denn er hat gehöret alle Rede des Herrn, die er mit uns geredet hat;
und soll ein Zeuge über euch sein, daß ihr euren Gott nicht verleugnet.

*Josua 24, 26 f.*


Die Bäume gingen hin, daß sie einen König über sich salbeten, und sprachen zum Ölbaum: Sei unser König! Aber der Ölbaum antwortete ihnen: Soll ich meine Fettigkeit lassen, die beide Götter und Menschen an mir preisen, und hingehen, daß ich schwebe über den Bäumen? Da sprachen die Bäume zum Feigenbaum: Komm du, und sei unser König!
Aber der Feigenbaum sprach zu ihnen: Soll ich meine Süßigkeit und meine gute Frucht lassen, und hingehen, daß ich über den Bäumen schwebe? Da sprachen die Bäume zum Weinstock: Komm du, und sei unser König! Aber der Weinstock sprach zu ihnen: Soll ich meinen Most lassen, der Götter und Menschen fröhlich macht, und hingehen, daß ich über den Bäumen schwebe? Da sprachen alle Bäume zum Dornbusch: Komm du, und sei unser König! Und der Dornbusch sprach zu den Bäumen: Ist's wahr, daß ihr mich zum König salbet über euch, so kommt und vertrauet euch unter meinen Schatten; wo nicht, so gehe Feuer aus dem Dornbusch, und verzehre die Zedern Libanons.

*Richter 9, 8–15*


So spricht der Herr, Herr: Ich will auch von dem Wipfel des hohen Zedernbaums nehmen und oben von seinen Zweigen ein zartes Reis brechen und will's auf einen hohen, erhabenen Berg pflanzen; auf den hohen Berg Israels will ich's pflanzen, daß es Zweige gewinne und Früchte bringe und ein herrlicher Zedernbaum werde, also daß allerlei Vögel unter ihm wohnen und allerlei Fliegendes unter dem Schatten seiner Zweige bleiben möge. Und sollen alle Feldbäume erfahren, daß Ich, der Herr, den hohen Baum geniedriget und den niedrigen Baum erhöhet habe und den grünen Baum ausgedörret und den dürren Baum grünend gemacht habe. Ich, der Herr, rede es und tue es auch.

*Ezechiel 17, 22 ff.*

Der siebente Berg [lag] zwischen diesen und einem Thronsitz, ähnlich überragte er alle an Höhe; es bedeckten ihn rings wohlriechende Bäume. Unter ihnen befand sich ein Baum, wie ich noch niemals einen gerochen hatte. Weder einer von ihnen, noch andere waren ihm gleich. Er verbreitete mehr Duft als alle Wohlgerüche; seine Blätter und Blüten und sein Holz welken nimmermehr, seine Früchte aber [sind] wie die Trauben der Palme. Da sprach ich: »Wie schön ist dieser Baum und wohlriechend und lieblich seine Blätter und sehr ergötzlich seine Blüten für den Anblick!« Darauf antwortete mir Michael, einer von den heiligen und geehrten Engeln, der bei mir war, ihr Führer, und sagte zu mir: »Henoch, was fragst du mich und wunderst dich über den Geruch dieses Baums und suchst die Wahrheit zu erfahren?« Da antwortete ich, Henoch, ihm, indem ich sagte: »Über alles möchte ich [etwas] erfahren, ganz besonders aber über diesen Baum.« Er antwortete mir, indem er sprach: »Dieser hohe Berg, den du gesehen hast, dessen Gipfel dem Throne Gottes gleicht, ist sein Thron, wo der große Heilige, der Herr der Herrlichkeit, der König der Welt, sitzen wird, wenn er herabkommt, um die Erde mit Gutem heimzusuchen. Diesen wohlriechenden Baum hat kein Fleisch die Macht anzurühren, bis zu dem großen Gericht, an welchem er an allen Rache nimmt, und die Vollendung für immer stattfindet; dann wird er den Gerechten und Demütigen übergeben werden.

Seine Frucht wird den Auserwählten zum Leben [dienen], und er wird zur Speise an den heiligen Ort bei dem Hause Gottes, des Königs der Ewigkeit, verpflanzt werden. Dann werden sie sich überaus freuen und fröhlich sein und in das Heiligtum eingehen, indem sein Duft ihre Gebeine erfüllt. Sie werden ein längeres Leben auf Erden führen, [als das] welches deine Väter gelebt haben, und in ihren Tagen wird weder Trübsal, noch Leid, oder Mühe und Plage sie berühren.« Da pries ich den Herrn der Herrlichkeit, den König der Ewigkeit, daß er solches für die gerechten Menschen zubereitet, solches geschaffen und verheißen hat, [es] ihnen zu geben.

*Aus dem Buche Henoch*

Bäume wuchsen auf der Erde, bevor es Tiere gab,
schon ehe die Sonne erschien und es Tag und Nacht wurde.

*Empedokles, Fragmente*

»... nach einem Marsch von zwölf Tagen gelangten wir an einen Ort, der, wie sie [die Inder] sagten, nach Osten hin die Südseite der Welt sei; jenseits von ihm liege nur eine Wüste mit wilden Tieren. Dort führten sie uns in einen Park, der nicht durch Mauern, sondern durch Baumpflanzungen umgrenzt war. In der Mitte war ein Heiligtum der Sonne und des Mondes. Dort standen auch die beiden Bäume, die fast bis zum Himmel reichten und an Gestalt unsern Zypressen ähnlich waren. Der Name des männlichen Baumes war Sonne oder in ihrer Sprache Mithra, der des weiblichen Mond, oder, wie sie sagen, Mao... Als ich mich nun nach dem Geheimnis der Bäume erkundigte, sagten sie: Wenn die Sonne aufgeht, wenn sie mitten am Himmel steht und wenn sie untergeht, spricht ihr Baum, und ebenso ist es mit dem Monde.«

*Griechische Märchen, fiktiver Brief Alexanders des Großen an Aristoteles*

Forsche doch auch, wer es ist, der dich liebt! Kein Bergesbewohner
Bin ich, kein garstiger Hirt, der Kühe und Schafe behütet.
Ach, du weißt es ja nicht, du Verblendete willst es nicht wissen,
Wem du entfliehst, drum fliehst du! Mir dient ja die delphische Erde,
Tenedos, Claros und Pataras Burg sind meine Domänen.
Jupiter ist mein Vater; was ist und was war und was sein wird,
Ich enthüll' es; daß Leier und Lied harmonieren, ist mein Werk.
...
Doch der Verfolger ist schneller, von Amors Flügeln getragen.
Er braucht keinerlei Ruhe; so ist er dem flüchtigen Mädchen
Hart auf den Fersen, schon streift ihr im Nacken sein Atem die Haare.
Jetzt versagt ihr die Kraft; sie erbleicht, von der Mühe der schnellen
Flucht überwunden: »Ach, öffne dich mir, o Erde!« so ruft sie,
»Oder vernichte die allzu begehrte Gestalt durch Verwandlung!«
Kaum hat sie solches gebetet, da fällt eine schwere Erlahmung
Ihr auf die Glieder, die schwellende Brust überzieht sich mit feiner
Rinde; es wachsen die Haare zu Blättern, zu Zweigen die Arme;
Auch die Füße, soeben so rasch noch, sie hangen in trägen
Wurzeln, das Haupt wird Wipfel: was bleibt, ist die glänzende Schönheit.

*Ovid, Metamorphosen, aus: Apollo und Daphne*


So spricht endlich in friedlichen Worten der Sohn des Saturnus:
»Sagt, rechtschaffener Greis, und du, eines solchen Gemahles
Würdiges Weib, was ihr wünscht!« Mit Baucis bespricht sich Philemon
Kurz und eröffnet sodann den Himmlischen beider Entscheidung:
»Priester wollen wir sein und eueren Tempel behüten;
Und da stets wir in Eintracht die Jahre verlebt, soll dieselbe
Stunde uns beide entraffen! Nie möcht' ich das Grab der Gemahlin
Jemals erblicken, noch sie ihres Gatten Begräbnis vollziehen!«
Sprach's, und der Wunsch ward ihnen erfüllt: sie waren des Tempels
Hüter, solange sie lebten. Und später, da standen sie einmal
Just vor den heiligen Stufen, von Alter geschwächt, und besprachen,
Was hier früher geschehn: da sah Philemon, wie Baucis
Sich umlaubte, und Baucis ersah an Philemon dasselbe.
Und als schon über beider Gesichter der Wipfel emporwuchs,
Tauschten sie Worte, solange sie durften: »Leb wohl, o mein Gatte!«
Riefen sie beide zugleich, und zugleich verbarg und umhüllte
Laubwerk ihr Antlitz. Noch jetzt zeigt dort der Bewohner von Thynien
Fremden die Stämme, die einst aus den beiden Körpern entstanden.

*Ovid, Metamorphosen, aus: Philemon und Baucis*

Bäume und Wälder galten als das höchste Geschenk,
das die Erde dem Menschen gemacht hat.

*Plinius der Ältere, Naturgeschichte*


Und sie kamen nach Bethsaida. Und man brachte ihm einen Blinden und bat ihn, daß er ihn anrühre. Und er nahm den Blinden bei der Hand und führte ihn vor das Dorf hinaus. Und nachdem er ihm in die Augen gespien und ihm die Hände daraufgelegt hatte, fragte er ihn: Siehst du etwas? Und er blickte auf und sagte: Ich sehe Menschen gehen, als sähe ich Bäume. Hierauf legte er ihm die Hände nochmals auf die Augen; und er blickte scharf hin und wurde wiederhergestellt und sah alles deutlich. Und er schickte ihn in sein Haus und sagte: Nicht einmal ins Dorf hinein sollst du gehen.

*Markus 8, 22–26*


Und er zeigte mir einen Strom des Wassers des Lebens, klar wie ein Kristall; der ging von dem Throne Gottes und des Lammes aus. Inmitten ihrer Straße und auf beiden Seiten des Stroms stand Holz des Lebens, das trug zwölfmal Früchte und brachte seine Früchte alle Monate; und die Blätter des Holzes dienten zur Heilung der Völker.

*Apokalypse 22, 1f.*


Siehe den Baum, der im Innern
seine Süßigkeit vor allen verbirgt.
Die Süße, die er vor allen verborgen hat,
ergießt sich in das Innere seiner Frucht.
Wenn seine Frucht sie empfangen hat,
teilt sie diese an die Essenden aus.
Durch die Frucht wird uns geschenkt
die Süßigkeit, die in der Wurzel ist.
Hätte die Wurzel sie nicht empfangen,
wäre niemand zu ihr vorgedrungen.
Die Wurzel schenkte sie der Frucht,
weil sie diese mehr liebt als alles.
Und die Frucht schenkte die Süßigkeit
den Bedürftigen, weil sie sie liebt.
Wie der Vater seine Frucht liebt,
so die Frucht jene, die sie essen.
Die Verborgenheit der Wurzel
kann in ihrer Frucht verkostet werden.

*Ephraem, aus: De Fide sermo*

Und da der Wirkliche jene Wurzel ist, kennt ihn wirklich die Frucht, die er hervorgebracht hat.
Welche Frucht wüßte weniger als ihre Wurzel, mit der sie vereint ist ganz und gar?
Denn bliebe sie in ihrem Wissen hinter dem Baum zurück, dann geschähe das auch mit ihrem Namen, so daß sie nicht seine Frucht wäre.
Wenn aber die Frucht eines Namens mit der Wurzel ist, dann stimmt sie mit ihr überein auch im Wissen.
Nur eine ist die Süßigkeit, die in beiden west, nur eines das Wissen, das in beiden ist; denn sie sind vereint.
Vereint mit ihrem Baum ist die Frucht zuinnerst –
und zuinnerst mit der Frucht auch die Wurzel;
wer könnte sie scheiden!
Sie sind nicht zu trennen in jener Süßigkeit –
sie sind nicht zu trennen auch im Wissen der vollen Wahrheit.
Die Liebe zur Frucht ist in ihrer Wurzel –
und in der Frucht auch die Liebe zu ihrem Baum; wer könnte sie trennen!

*Ephraem, aus: De Fide hymn.*


Allen Edeln gebiet' ich Andacht,
Hohen und Niedern von Heimdalls Geschlecht;
Ich will Walvaters Wirken künden,
Die ältesten Sagen, der ich mich entsinne.

Weiß von Riesen, weiland gebor'nen,
Die mich vor Zeiten erzogen haben.
Neun Welten kenn' ich, neun Äste weiß ich,
Den starken Stamm im Staub der Erde.

*Ältere Edda, aus: Voluspó*


Eine Esche weiß ich, heißt Yggdrasil,
Den hohen Baum netzt weißer Nebel;
Davon kommt der Tau, der in die Täler fällt.
Immergrün steht er über Urds Brunnen.

Davon kommen Frauen, vielwissende,
Drei aus dem Saal dort unterm Wipfel.
Urd heißt die eine, die andre Werdandi:
Sie schnitten Stäbe; Skuld hieß die dritte.
Sie legten Lose, das Leben bestimmten sie
Den Geschlechtern der Menschen, das Schicksal verkündend.

*Ältere Edda, aus: Voluspó*

Drei Wurzel strecken sich nach dreien Seiten
Unter der Esche Yggdrasils:
Hel wohnt unter einer, unter der andern die Hrimthursen,
Aber unter der dritten die Menschen.

Ratatöskr heißt das Eichhorn, das auf und ab rennt
An der Esche Yggdrasils:
Des Adlers Worte von oben vernimmt es
Und bringt sie Nidhöggern nieder.

Der Hirsche sind vier, die mit krummem Halse
An der Esche Ausschüssen weiden:
Da-in und Dwalin,
Duneyr und Durathror.

Mehr Würmer liegen unter den Wurzeln der Esche,
Als einer meint der unklugen Affen.
Go-in und Mo-in, Grafwitnirs Söhne,
Grabakr und Grafwölludr,
Ofnir und Swafnir sollen ewig
Von der Wurzeln Zweigen zehren.

Die Esche Yggdrasils duldet Unbill
Mehr als Menschen wissen,
Der Hirsch beißt von oben, hohl wird die Seite,
Unten nagt Nidhöggr.

*Ältere Edda, aus: Grimnismal*


Fichten sät er auf die Berge,
Tannen sät er auf die Hügel,
Heidekraut gibt er der Heide,
Zarte Schößlinge den Tälern.
Birken pflanzt er in die Brüche,
Erlen in die lockre Erde,
Feuchtes Land bekommt der Faulbaum,
Weichen Boden auch die Weide,
Heil'gen Ort die Eberesche,
Wasserland die Wasserweide,
Schlechten Boden der Wacholder,
Und die Eiche Stromesufer.

*Kalewala, aus der zweiten Rune*

Wipunen, der Liederreiche,
Er, der Alte, stark an Kräften,
Lag mit seinen Liedern dorten,
Mit den Sprüchen ausgestrecket,
Auf den Schultern wuchs die Espe,
Auf den Schläfen eine Birke,
Eine Erle auf dem Kinne,
Auf dem Barte wuchsen Weiden,
Auf der Stirn die Eichhorntanne,
Eine Fichte aus den Zähnen.

*Kalewala, aus der siebzehnten Rune*


Ich weiß, daß ich hing am windigen Baum
Neun lange Nächte,
Vom Speer verwundet, dem Odin geweiht,
Mir selber ich selbst,
Am Ast des Baums, dem man nicht ansehn kann,
Aus welcher Wurzel er sproß.

Sie boten mir nicht Brot noch Met;
Da neigt' ich mich nieder,
Nahm Runen auf, nahm sie ächzend:
Da fiel ich ab zur Erde.

Hauptlieder neun lernt ich von dem hehren Sohn
Bölthorns, des Vaters Bestlas,
Und trank einen Trunk des teuern Mets
Aus Odhörir geschöpft.

Zu gedeihen begann ich und begann zu denken,
Wuchs und fühlte mich wohl.
Wort aus dem Wort verlieh mir das Wort,
Werk aus dem Werk verlieh mir das Werk.

*Ältere Edda, aus: Havamal*


    Halt sunt li pui
    E mult halt les arbres.

    Hoch sind die Berge
    Und sehr hoch die Bäume.

*Aus dem Rolandslied*

Da streckt ich etwas meine Hand nach vorne
    Und brach ein Ästchen eines großen Dornstrauchs.
»Warum mich knicken?« riefs da aus dem Dorne.

Als ihm danach ein blutig Braun entflossen,
    Begann er neu zu schrein: »Warum mich rupfen?
    Ist ganz dein Geist dem Mitgefühl verschlossen?

Einst Menschen, sind wir jetzt zum Strauch erlesen,
    Drum ziemte deiner Hand wohl größre Milde,
    Selbst wenn wir Schlangenseelen einst gewesen.«
...

Da fing der Stamm an, rauschender zu beben,
    Dann wandelte der Hauch sich in die Stimme:
    »In aller Kürze will ich Antwort geben.

Wenn sich die Seele losreißt grimmerweise
    Vom Leib, von dem sie hadernd sich geschieden,
    So schickt sie Minos fort zum siebenten Kreise:

Sie fällt zum Wald, nicht an bestimmte Stelle,
    Nein da, wo sie der Zufall hingeschleudert,
    Da keimt sie weiter mit des Unkrauts Schnelle.

Es wächst der Sproß zum Busch, bis Äste ragen;
    Harpyen nähren sich von seinem Laube;
    Sie schaffen Plage, doch auch Luft den Plagen.

Gleich andern werden wir zur Hülle kehren
    Dereinst, doch darf sich keiner darin kleiden;
    Denn was der Mensch sich raubt, soll er entbehren.«

*Dante, Die Göttliche Komödie, aus: Inferno XIII*


Das ist nun eine große Kunst, daß in einem solchen Holz
solche Scientia sein soll... Aber der Baum hat die Experientia!

*Paracelsus*


Siehe, was ist er? Woraus entspringt er? Woher kommet er mit seinen Wurzeln,
mit seinem Stamm, mit seinen Ästen, mit seinen Zweigen, mit seinen Früchten?
Siehe, du legst einen kleinen Kern in die Erde.
In ihm ist des Baumes Geist. In ihm ist des Baumes Wesen.
Er ist des Baumes Samen.

*Johann Heinrich Pestalozzi, Rede an seine Hausgenossen in Yverdon*

## Die Metamorphose der Pflanzen

Dich verwirret, Geliebte, die tausendfältige Mischung
    Dieses Blumengewühls über dem Garten umher;
Viele Namen hörest du an, und immer verdränget
    Mit barbarischem Klang einer den andern im Ohr.
Alle Gestalten sind ähnlich, und keine gleichet der andern;
    Und so deutet das Chor auf ein geheimes Gesetz,
Auf ein heiliges Rätsel. O könnt' ich dir, liebliche Freundin,
    Überliefern sogleich glücklich das lösende Wort!
Werdend betrachte sie nun, wie nach und nach sich die Pflanze,
    Stufenweise geführt, bildet zu Blüten und Frucht.
Aus dem Samen entwickelt sie sich, sobald ihn der Erde
    Stille befruchtender Schoß hold in das Leben entläßt,
Und dem Reize des Lichts, des heiligen, ewig bewegten,
    Gleich den zärtesten Bau keimender Blätter empfiehlt.
Einfach schlief in dem Samen die Kraft; ein beginnendes Vorbild
    Lag, verschlossen in sich, unter die Hülle gebeugt,
Blatt und Wurzel und Keim, nur halb geformet und farblos;
    Trocken erhält so der Kern ruhiges Leben bewahrt,
Quillet strebend empor, sich milder Feuchte vertrauend,
    Und erhebt sich sogleich aus der umgebenden Nacht.
Aber einfach bleibt die Gestalt der ersten Erscheinung;
    Und so bezeichnet sich auch unter den Pflanzen das Kind.
Gleich darauf ein folgender Trieb, sich erhebend, erneuet,
    Knoten auf Knoten getürmt, immer das erste Gebild.
Zwar nicht immer das gleiche; denn mannigfaltig erzeugt sich,
    Ausgebildet, du siehst's, immer das folgende Blatt,
Ausgedehnter, gekerbter, getrennter in Spitzen und Teile,
    Die verwachsen vorher ruhten im untern Organ.
Und so erreicht es zuerst die höchst bestimmte Vollendung,
    Die bei manchem Geschlecht dich zum Erstaunen bewegt.
Viel gerippt und gezackt, auf mastig strotzender Fläche,
    Scheinet die Fülle des Triebs frei und unendlich zu sein.
Doch hier hält die Natur, mit mächtigen Händen, die Bildung
    An und lenket sie sanft in das Vollkommnere hin.
Mäßiger leitet sie nun den Saft, verengt die Gefäße,
    Und gleich zeigt die Gestalt zärtere Wirkungen an.
Stille zieht sich der Trieb der strebenden Ränder zurücke,
    Und die Rippe des Stiels bildet sich völliger aus.
Blattlos aber und schnell erhebt sich der zärtere Stengel,
    Und ein Wundergebild zieht den Betrachtenden an.
Rings im Kreise stellet sich nun, gezählet und ohne
    Zahl, das kleinere Blatt neben dem ähnlichen hin.

Um die Achse gedrängt, entscheidet der bergende Kelch sich,
  Der zur höchsten Gestalt farbige Kronen entläßt.
Also prangt die Natur in hoher, voller Erscheinung,
  Und sie zeiget, gereiht, Glieder an Glieder gestuft.
Immer staunst du aufs neue, sobald sich am Stengel die Blume
  Über dem schlanken Gerüst wechselnder Blätter bewegt.
Aber die Herrlichkeit wird des neuen Schaffens Verkündung;
  Ja, das farbige Blatt fühlet die göttliche Hand,
Und zusammen zieht es sich schnell; die zärtesten Formen,
  Zwiefach streben sie vor, sich zu vereinen bestimmt.
Traulich stehen sie nun, die holden Paare, beisammen,
  Zahlreich ordnen sie sich um den geweihten Altar.
Hymnen schwebet herbei, und herrliche Düfte, gewaltig,
  Strömen süßen Geruch, alles belebend, umher.
Nun vereinzelt schwellen sogleich unzählige Keime,
  Hold in den Mutterschoß schwellender Früchte gehüllt.
Und hier schließt die Natur den Ring der ewigen Kräfte;
  Doch ein neuer sogleich fasset den vorigen an,
Daß die Kette sich fort durch alle Zeiten verlänge
  Und das Ganze belebt, so wie das Einzelne, sei.
Wende nun, o Geliebte, den Blick zum bunten Gewimmel,
  Das verwirrend nicht mehr sich vor dem Geiste bewegt.
Jede Pflanze verkündet dir nun die ew'gen Gesetze,
  Jede Blume, sie spricht lauter und lauter mit dir.
Aber entzifferst du hier der Göttin heilige Lettern,
  Überall siehst du sie dann, auch in verändertem Zug.
Kriechend zaudre die Raupe, der Schmetterling eile geschäftig,
  Bildsam ändre der Mensch selbst die bestimmte Gestalt.
O, gedenke denn auch, wie aus dem Keim der Bekanntschaft
  Nach und nach in uns holde Gewohnheit entsproß,
Freundschaft sich mit Macht aus unserm Innern enthüllte,
  Und wie Amor zuletzt Blüten und Früchte gezeugt.
Denke, wie mannigfach bald die, bald jene Gestalten,
  Still entfaltend, Natur unsern Gefühlen geliehn!
Freue dich auch des heutigen Tags! Die heilige Liebe
  Strebt zu der höchsten Frucht gleicher Gesinnungen auf,
Gleicher Ansicht der Dinge, damit in harmonischem Anschaun
  Sich verbinde das Paar, finde die höhere Welt.

*Johann Wolfgang von Goethe*

...Ja, wer weiß, ob wir nicht selbst eine Gattung Gedankenbäume sind, die ihre Früchte tragen für andere Wesen, die in einem Element wohnen, was wir nicht gewahr werden...

*Frau Rat Goethe*

Die Bäume scheinen unter allen Pflanzen die Edelsten, weil ihre unzähligen Individuen so sehr mittelbar nur noch an der Erde hängen und gleichsam schon Pflanzen auf Pflanzen sind.

Die Sinne an den Tieren, was Blätter und Blüten an den Pflanzen sind. Die Blüten sind Allegorien des Bewußtseins, oder des Kopfs. Eine höhere Fortpflanzung ist der Zweck dieser höheren Blüte – eine höhere Erhaltung – Bei den Menschen ist es das Organ der Unsterblichkeit – einer progressiven Fortpflanzung – der Personalität. Merkwürdige Folgerungen für beide Reiche.

*Novalis, Fragmente*

## Die Eichbäume

Aus den Gärten komm ich zu euch, ihr Söhne des Berges!
Aus den Gärten, da lebt die Natur geduldig und häuslich,
Pflegend und wieder gepflegt mit dem fleißigen Menschen zusammen.
Aber ihr, ihr Herrlichen! steht, wie ein Volk von Titanen
In der zahmeren Welt und gehört nur euch und dem Himmel,
Der euch nährt' und erzog, und der Erde, die euch geboren.
Keiner von euch ist noch in die Schule der Menschen gegangen,
Und ihr drängt euch fröhlich und frei, aus der kräftigen Wurzel,
Unter einander herauf und ergreift, wie der Adler die Beute,
Mit gewaltigem Arme den Raum, und gegen die Wolken
Ist euch heiter und groß die sonnige Krone gerichtet.
Eine Welt ist jeder von euch, wie die Sterne des Himmels
Lebt ihr, jeder ein Gott, in freiem Bunde zusammen.
Könnt ich die Knechtschaft nur erdulden, ich neidete nimmer
Diesen Wald und schmiegte mich gern ans gesellige Leben.
Fesselte nur nicht mehr ans gesellige Leben das Herz mich,
Das von Liebe nicht läßt, wie gern würd ich unter euch wohnen!

*Friedrich Hölderlin*

Es trug sich zu, daß der Vater einmal in die Messe ziehen wollte, da fragte er die beiden Stieftöchter, was er ihnen mitbringen sollte. ›Schöne Kleider‹, sagte die eine, ›Perlen und Edelsteine‹, die zweite. ›Aber du, Aschenputtel‹, sprach er, ›was willst du haben?‹ ›Vater, das erste Reis, das Euch auf Eurem Heimweg an den Hut stößt, das brecht für mich ab.‹ Er kaufte nun für die beiden Stiefschwestern schöne Kleider, Perlen und Edelsteine, und auf dem Rückweg, als er durch einen grünen Busch ritt, streifte ihn ein Haselreis und stieß ihm den Hut ab. Da brach er das Reis ab und nahm es mit. Als er nach Haus kam, gab er den Stieftöchtern, was sie sich gewünscht hatten, und dem Aschenputtel gab er das Reis von dem Haselbusch. Aschenputtel dankte ihm, ging zu seiner Mutter Grab und pflanzte das Reis darauf, und weinte so sehr, daß die Tränen darauf niederfielen und es begossen. Es wuchs aber, und ward ein schöner Baum. Aschenputtel ging alle Tage dreimal darunter, weinte und betete, und allemal kam ein weißes Vöglein auf den Baum, und wenn es einen Wunsch aussprach, so warf ihm das Vöglein herab, was es sich gewünscht hatte.

*Brüder Grimm, aus: Aschenputtel*

Überhaupt liegt in den Bäumen ein unglaublicher Charakter der Sehnsucht, wenn sie so fest und beschränkt im Boden stehen, und sich mit den Wipfeln, so weit sie können, über die Grenzen der Wurzeln hinausbewegen.

*Aus einem Brief Wilhelm von Humboldts. 1824*

## Der Abend

Schweigt der Menschen laute Lust:
Rauscht die Erde wie in Träumen
Wunderbar mit allen Bäumen,
Was dem Herzen kaum bewußt,
Alte Zeiten, linde Trauer,
Und es schweifen leise Schauer
Wetterleuchtend durch die Brust.

*Joseph von Eichendorff*

## Schwarzschattende Kastanie

Schwarzschattende Kastanie,
Mein windgeregtes Sommerzelt,
Du senkst zur Flut dein weit Geäst,
Dein Laub, es durstet und es trinkt,
Schwarzschattende Kastanie!
Im Porte badet junge Brut
Mit Hader oder Lustgeschrei,
Und Kinder schwimmen leuchtend weiß
Im Gitter deines Blätterwerks,
Schwarzschattende Kastanie!
Und dämmern See und Ufer ein
Und rauscht vorbei das Abendboot,
So zuckt aus roter Schiffslatern
Ein Blitz und wandert auf dem Schwung
Der Flut, gebrochnen Lettern gleich,
Bis unter deinem Laub erlischt
Die rätselhafte Flammenschrift,
Schwarzschattende Kastanie!

*Conrad Ferdinand Meyer*

## Herbstbild

Dies ist ein Herbsttag, wie ich keinen sah!
   Die Luft ist still, als atmete man kaum
Und dennoch fallen raschelnd, fern und nah,
   Die schönsten Früchte ab von jedem Baum.

O stört sie nicht, die Feier der Natur!
   Dies ist die Lese, die sie selber hält,
Denn heute löst sich von den Zweigen nur,
   Was vor dem milden Strahl der Sonne fällt.

*Friedrich Hebbel*

---

In der Mitte des Abhangs stand eine einzelne Pinie, ein einsamer, königlicher Baum. Sie war der einzig wirklich große Baum in dem ganzen Tal. Sie mochte uralt sein, aber die Anmut, mit der sie emporstieg und ihre drei Wipfel in einer leichten Biegung dem Himmel entgegenhielt, hatte etwas von ewiger Jugend.

*Hugo von Hofmannsthal, aus: Augenblicke in Griechenland*

---

Es können im Hof eines Bauernhauses eine alte Linde und ein gekrümmter Nußbaum beisammenstehen und zwischen ihnen im Rasen durch eine Rinne aus glänzenden Steinen das Wasser aus dem Brunnentrog ablaufen, und es kann ein Anblick sein, der durchs Auge hindurch die Seele so ausfüllt wie kein Claude Lorrain. Ein einziger alter Ahorn adelt einen ganzen Garten, eine einzige majestätische Buche, eine einzige riesige Kastanie, die die halbe Nacht in ihrer Krone trägt.

*Hugo von Hofmannsthal, aus: Gärten*

## Alter Baum im Sonnenaufgang

Frühnebel steigt aus einsam altem Baum.
Es lichten sich die weiten Astwerkräume,
Die purpurbraunen, rostbespritzten Blätter,
Die nur der Frost noch festhält. Schwarz von Osten
Aufwogt Gebirg. Aus hoher Gipfelzacke
Strömt weißer Brand und saugt in großen Zügen
Den Dunst nach oben, schräge Strahlen lagern
Herab, leis knisternd fallen Blätter –
Und stärker schüttert Licht. Es klingt, braust, – schaudernd
Erwacht der dunkle Baumgeist; in die Sonne
Reckt er sich tausendzweigig, nieder
Wirft er die breite purpurne Belaubung,
Und Himmel, Himmel füllt das nackte Holz.

*Hans Carossa*

## Die Frucht

Das stieg zu ihr aus Erde, stieg und stieg,
und war verschwiegen in dem stillen Stamme
und wurde in der klaren Blüte Flamme,
bis es sich wiederum verschwieg.

Und fruchtete durch eines Sommers Länge
in dem bei Nacht und Tag bemühten Baum,
und kannte sich als kommendes Gedränge
wider den teilnahmsvollen Raum.

Und wenn es jetzt im rundenden Ovale
mit seiner vollgewordnen Ruhe prunkt,
stürzt es, verzichtend, innen in der Schale
zurück in seinen Mittelpunkt.

*Rainer Maria Rilke*

## Mandelbäume in Blüte

*Die Mandelbäume in Blüte: alles, was wir hier leisten können, ist,*
*sich ohne Rest erkennen in der irdischen Erscheinung.*

Unendlich staun ich euch an, ihr Seligen, euer Benehmen,
wie ihr die schwindliche Zier traget in ewigem Sinn.
Ach wers verstünde zu blühn: dem wär das Herz über alle
schwachen Gefahren hinaus und in der großen getrost.

*Rainer Maria Rilke, Fragment*

Wo, in welchen immer selig bewässerten Gärten, an welchen
Bäumen, aus welchen zärtlich entblätterten Blüten-Kelchen
reifen die fremdartigen Früchte der Tröstung? Diese
köstlichen, deren du eine vielleicht in der zertretenen Wiese

deiner Armut findest. Von einem zum anderen Male
wunderst du dich über die Größe der Frucht,
über ihr Heilsein, über die Sanftheit der Schale,
und daß sie der Leichtsinn des Vogels dir nicht vorwegnahm und nicht die Eifersucht

unten des Wurms. Giebt es denn Bäume, von Engeln beflogen,
und von verborgenen langsamen Gärtnern so seltsam gezogen,
daß sie uns tragen, ohne uns zu gehören?

Haben wir niemals vermocht, wir Schatten und Schemen,
durch unser voreilig reifes und wieder welkes Benehmen
jener gelassenen Sommer Gleichmut zu stören?

*Rainer Maria Rilke, Die Sonette an Orpheus, XVII*

# Der Wald

Wir hatten in der Schule einen alten Lehrer mit großem Kopf, der sagte uns, daß in verhältnismäßig sehr kurzer Zeit das mittlere Europa ein einziger großer Wald wäre, wenn die Zivilisation zurückginge. Wenn nicht Menschen da wären, die gegen das Wachsen des Waldes ankämpften, träte der Wald frei, als herrschendes Ganzes auf. Das gab uns zu denken. Schon das ganze Deutschland allein als ein Wald, ununterbrochen von Städten und Menschenwohnungen und Beschäftigungen der Menschen, weder von Straßen durchschnitten, noch von einem Hauch Bildung angefeindet, dieser Gedanke war geheimnisvoll genug. Wir zerbrachen uns vielfach gegenseitig die jungen, träumenden Köpfe, indem wir sie wieder anderseits mit phantastischen Bildern von großen, unendlichen Waldwelten anfüllten, und kamen wenig klug aus der Sache. Eines war sicher, die Worte des alten Lehrers gaben unserer Einbildungskraft zu tun, sie sprudelte lebhaft, sie zog träumend und tanzend Linien, zerbrach wieder, was sie mühsam gezogen, setzte wieder fort, wo sie müde aufhörte und hatte zu tun jede freie Minute. Die Intelligenteren unter uns brachten allerhand lustige und feine Bilder von unauflöslichem, unausrottbarem Wald zustande, erfüllten die geschaffene Welt mit seltsamen Pflanzen und Tieren, bis ein Punkt kam, wo auch ihre Phantasie sich als zu schwach erwies. Dann kam anderes, was uns hinriß und zum Nachdenken bewegte, der Wald trat zurück, so wie er in der Welt wirklich zurücktritt oder zurückgetreten ist, es reizten uns jetzt vielleicht Dichter oder Athleten, genug, das Geheimnisvolle des Waldes wurde übersehen, es starb, die trockene Knabenvernunft kassierte es. – Lehrer sterben, Knaben wachsen, und die Wälder bleiben, denn sie wachsen viel spurloser und stiller als Menschen. Sie sterben auch nicht so schnell. Sie haben nicht ein solches jäh emporschießendes Wachstum; dafür ertragen sie die Luft der Welt länger, sind kräftiger, dehnen sich nachhaltiger und weiter aus, und fallen nicht so schnell um, wenn sie ihre stolze gemessene Höhe erreicht haben. Der Mensch kann dafür denken, und denken, das ruiniert. So denkt er über den Wald nach, der, so scheint es, ein ganz totes unempfindliches Ding ist. Er findet es zum Beispiel wunderbar, daß die Welt so voll Wälder ist, und daß die Wälder grün sind, von so allmächtig herrschendem Grün, daß sie dem Menchenleben einen so wichtigen Zauber geben, daß sie so nah an sein Tun und Empfinden streifen, ja, darin hineingreifen. Er ist solch ein Grübler, der Mensch, und um Liebes herum grübelt er auch mit ganz besonderer Energie! Nun, so will ich es denn versuchen!

Unser Land ist voll rauschender Wälder. Das gibt, in Verbindung mit Flüssen, Seen und Bergzügen, eine liebe Heimat. Unsere Gegenden bezeichnen Wälder von verschiedener Art. Eine Art Wald hat ihr besonderes, sich dem Gedächtnis einprägendes Aussehen. Manchmal, sogar sehr oft, sind alle Arten Waldstücke zu einem großen Stück vereinigt. Aber sehr große Wälder haben wir nicht, denn wir haben zu häufige Unterbrechungen. Eine reizende Unterbrechung ist ein Fluß, eine wildere: Schluchten. Aber hängt nicht das alles doch wieder zusammen? Unterbrechungen stören nur kleinwenig das Ganze, aber sie können doch das schöne, rauschende, rollende Ganze nicht wegnehmen. Dazu ist ihnen das Ganze viel zu überlegen. Wald herrscht also in unserem Land doch als ein breites, wohlwollendes, wollüstiges Ganzes. Waldlose Ebenen haben wir kaum; Seen ohne Waldränder sind ebenso fraglich, und Berge ohne die Lust des sie krönenden Waldes sind uns ein fast Fremdes. Freilich, wo die höheren Berge anfangen, da hört selbstverständlich der Wald auf. Da, wo Fels ist, stirbt der Wald. Oder das, was, wenn es tiefer und wärmer und breiter läge, Wald wäre, ist eben dann Fels. Fels, das ist toter, gestorbener, erdrückter Wald. Wald ist so holdes, reizendes Leben! Was Fels ist, das möchte gern das fressen, was so beweglich und reizend Wald ist. Der Fels starrt, der Wald lebt, er atmet, saugt, strömt, ist See, der tiefströmend liegt, ist Fluß, der aufatmend fließt, ist Wesen, ist fast mehr Wesen als Element, denn er ist zu weich, um Element zu sein. Er ist weich! Weiches hat Aussicht, daß es hart wird. Was mit Härte beginnt, kann das hart werden? Nein, so wie nur Gutes schlimm werden kann, nur Bestes schlecht, so wird auch nur Weichstes hart, eben, weil es die Gabe hat, zu verhärten, wenn ihm Härte naht. Auf diese Weise, meine ich, haben unsere Wälder Aussicht zu sterben, sich zu verwandeln, Fels zu werden, das zu werden, was sie ja wären, wenn sie höher und dünner lägen. Was breit liegt, das atmet in der Regel auch tief und ruhig, hat einen gesunden Schlummer, hat Leben in seinem tiefen Schlaf. Wälder schlafen, und so schön! Ihr Atem ist warm und wohlriechend, macht Kranke gesund, erfrischt erschlaffte Gesunde, ist so reich, daß er auch dann strömte und umherflösse, wenn auch nicht ein Wesen da wäre, das genösse, was so herrlich zum Genießen und Kosten ist. Wälder sind herrlich, und daß unser Land so voll Wald und Wälder ist, ist das nicht herrlich? Wäre es unsere Heimat, wenn es ein Land wäre, das ohne Wald läge? So läge es bloß, erstreckte sich bloß, wäre zum Messen, hätte gewiß auch seine Grenzen, aber lebte es? Und lebten wir in ihm, wie wir jetzt leben, da es voll Wald ist? Ein Wald ist ein Bild der Heimat, und Wälder sind Länder und die Länder sind eine Heimat. Unsere Städte, selbst die größten, stoßen direkt an Wälder, und es gibt kleine, vergessene Städtchen, die ganz und eng von Wald umschlossen sind. Die schönen breiten Landstraßen, laufen sie nicht alle durch große Wälder? Gibt es eine einzige Straße, die sich, nachdem sie einige Stunden durch freies Land gelaufen, nicht in einem schattigen und dichten Wald verlöre? Wohl gibt es solche Straßen, aber sie stellen zum mindesten immer einen nahenden Wald in Aussicht, oder sie bieten, was doch auch zu schätzen ist, einen Nachbarwald als erfrischende Aussicht dar. Am schönsten sind gewiß die Waldstellen auf den Rücken der mäßig hohen, aber breiten Berge. Es sind dies meist Tannenwälder, die einen wunderbaren Geruch voll kühler, heilender Öle ausströmen. Buchenwälder sind seltener, aber es gibt kleine, wenig in die Höhe springende Hügel, die ganz von solchen bekleidet sind. Ich nenne nur den süßen Anblick eines Buchenwaldes im Frühling, um zwei Drittel meiner geehrten Leser als Mitergriffene auf meiner Seite zu haben. Wie herrlich sind wieder Eichen, und ganze Wälder von Eichen! Sie sind bei uns wohl die seltenste Art Wald. Ihre Haltung und Form als einzelner Baum ist schon erhebend und groß, wie viel wuchtiger und mächtiger tritt uns ein ganzer Eichenwald entgegen! Das ist dann mehr ein schäumender, brüllender, windgejagter See als ein Wald. Die meisten unserer Wälder laufen ganz wild und ungestüm bis hart an den Rand von stillen, blauen Seen. Eichen sind wunderbar schön an Seen: lieblich und zum Träumen verlockend bei ruhigem Wetter, grandios und beängstigend aber bei stürmischem. Wälder sind nur ganz selten düster. Unsere Seele muß schon düster gestimmt sein, um vom Wald einen traurigen Eindruck zu bekommen. Selbst anhaltender Regen verdüstert Wälder gerade nicht, oder er verdüstert dann überhaupt alles. Am Abend, o wie wundervoll sind da die Wälder! Wenn über dem Dunkelgrün der Bäume und Waldwiesen hochrote und tiefrote Wolken schweben und das Blau des Himmels von so eigentümlicher Tiefe ist! Alsdann ist Träumen für den Schauenden und Ankommenden eine längst vorbestimmte Sache. Alsdann findet der Mensch nichts mehr schön, weil es viel zu schön ist für seine Sinne. Er läßt sich dann, ohnmächtig und ergriffen, wie er ist, mehr von dem Tiefschönen anblicken, als daß er es selbst anschaut. Schauen ist dann eine umgekehrte, vertauschte Rolle. – Aber am herrlichsten sind doch die Wälder am ganz frühen Morgen, lange bevor die Sonne kommt, wenn im Raum alles noch Nacht ist und nur ein bleiches, lebloses Licht von oben herunterfällt, kein Licht eigentlich, bloß müdes und totes Dunkel. Da redet der Wald eine Sprache ohne Laut, ohne Atem, ohne Bildung, und alles ist süße kalte Verständnislosigkeit.

Im Sommer sind natürlich die Wälder am schönsten, weil ihnen vom ganzen reichen ungestümen Schmuck nichts fehlt. Der Herbst gibt den Wäldern einen letzten kurzen, aber unbeschreiblich schönen Reiz. Der Winter endlich ist den Wäldern gewiß nicht hold, aber auch winterliche Wälder sind noch schön. Ist überhaupt in der Natur etwas unschön? Menschen, die die Natur lieben, lächeln zu dieser Frage; solchen sind alle Jahreszeiten gleich lieb und bedeutend, denn sie gehen eben im Bild einer jeden Jahreszeit fühlend und genießend auf. Wie prachtvoll sind Tannenwälder im Winter, wo die hohen, schlanken Tannen überschwer mit dem weichen dicken Schnee beladen sind, so daß sie ihre Äste lang und weich herabsenken, zu der Erde, die ebenfalls vor lauter dickem Schnee nicht sichtbar ist! Ich, der Verfasser, bin viel durch Wintertannenwälder gewandert und habe immer den schönsten Waldsommer dabei vergessen können. So ist es nun einmal: entweder man muß alles in der Natur lieb haben, oder es wird einem gewehrt, überhaupt etwas zu lieben und anzuerkennen. Aber Sommerwälder prägen sich doch dem Gedächtnis am schnellsten und schärfsten ein, und es ist nicht zum Verwundern. Farbe prägt sich uns besser ein als Form, oder als bloß solche eintönige Farbe, wie das Grau oder das Weiß ist. Und im Sommer ist der Wald eine einzige, schwere, übermütige Farbe. Grün ist dann alles, Grün ist dann überall, Grün herrscht und befiehlt, läßt andere Farben, die auch hervorstechen möchten, nur als in Beziehung auf sich erscheinen. Grün leuchtet über alle Formen, so daß Formen verschwinden und verschimmern! Man achtet auf gar keine Form mehr im Sommer, man sieht nur die eine große, fließende, gedankenvolle Farbe…

*Aus: Robert Walser, Fritz Kochers Aufsätze*

Ich betrachte einen Baum.
Ich kann ihn als Bild aufnehmen: starrender Pfeiler im Anprall des Lichts, oder das spritzende Gegrün von der Sanftmut des blauen Grundsilbers durchflossen.
Ich kann ihn als Bewegung verspüren: das flutende Geäder am haftenden und strebenden Kern, Saugen der Wurzeln, Atmen der Blätter, unendlicher Verkehr mit Erde und Luft – und das dunkle Wachsen selber.
Ich kann ihn einer Gattung einreihen und als Exemplar beobachten, auf Bau und Lebensweise.
Ich kann seine Diesmaligkeit und Geformtheit so hart überwinden, daß ich ihn nur noch als Ausdruck des Gesetzes erkenne – der Gesetze, nach denen ein stetes Gegeneinander von Kräften sich stetig schlichtet, oder der Gesetze, nach denen die Stoffe sich mischen und entmischen.
Ich kann ihn zur Zahl, zum reinen Zahlenverhältnis verflüchtigen und verewigen.
In all dem bleibt der Baum mein Gegenstand und hat seinen Platz und seine Frist, seine Art und Beschaffenheit.
Es kann aber auch geschehen, aus Willen und Gnade in einem, daß ich, den Baum betrachtend, in die Beziehung zu ihm eingefaßt werde, und nun ist er kein Es mehr. Die Macht der Ausschließlichkeit hat mich ergriffen.
Dazu tut nicht not, daß ich auf irgendeine der Weisen meiner Betrachtung verzichte. Es gibt nichts, wovon ich absehen müßte, um zu sehen, und kein Wissen, das ich zu vergessen hätte. Vielmehr ist alles, Bild und Bewegung, Gattung und Exemplar, Gesetz und Zahl, mit darin, ununterscheidbar vereinigt.
Alles, was dem Baum zugehört, ist mit darin, seine Form und seine Mechanik, seine Farben und seine Chemie, seine Unterredung mit den Elementen und seine Unterredung mit den Gestirnen, und alles in einer Ganzheit.
Kein Eindruck ist der Baum, kein Spiel meiner Vorstellung, kein Stimmungswert, sondern er leibt mir gegenüber und hat mit mir zu schaffen, wie ich mit ihm – nur anders.
Man suche den Sinn der Beziehung nicht zu entkräften: Beziehung ist Gegenseitigkeit.
So hätte er denn ein Bewußtsein, der Baum, dem unsern ähnlich? Ich erfahre es nicht. Aber wollt ihr wieder, weil es euch an euch geglückt scheint, das Unzerlegbare zerlegen? Mir begegnet keine Seele des Baumes und keine Dryade, sondern er selber.

*Martin Buber, aus: Ich und Du*

Wenn einer von ihnen dem Alter erlag,
gleicht sein entblößter Stamm dem Bilde eines Gottes.

*Charles Florisoone*

    Baum,
    deine Wurzeln
    greifen in die Erde,
    und die Kraft der Erde
    pulst durch deine Adern.
    Deine Wipfel
    streben in das Licht,
    und das Licht
    hebt dich empor
    aus Erdenschwere.
    Unsres Sehnens,
    unsres Strebens Gleichnis.

*Catherine Kreutzer*

## Welkes Blatt

Jede Blüte will zur Frucht,
Jeder Morgen Abend werden,
Ewiges ist nicht auf Erden
Als der Wandel, als die Flucht.

Auch der schönste Sommer will
Einmal Herbst und Welke spüren.
Halte, Blatt, geduldig still,
Wenn der Wind dich will entführen.

Spiel dein Spiel und wehr dich nicht,
Laß es still geschehen.
Laß vom Winde, der dich bricht,
Dich nach Hause wehen.

*Hermann Hesse*

# Bäume

Bäume sind für mich immer die eindringlichsten Prediger gewesen. Ich verehre sie, wenn sie in Völkern und Familien leben, in Wäldern und Hainen. Und noch mehr verehre ich sie, wenn sie einzeln stehen. Sie sind wie Einsame. Nicht wie Einsiedler, welche aus irgendeiner Schwäche sich davongestohlen haben, sondern wie große, vereinsamte Menschen, wie Beethoven und Nietzsche. In ihren Wipfeln rauscht die Welt, ihre Wurzeln ruhen im Unendlichen; allein sie verlieren sich nicht darin, sondern erstreben mit aller Kraft ihres Lebens nur das Eine: ihr eigenes, in ihnen wohnendes Gesetz zu erfüllen, ihre eigene Gestalt auszubauen, sich selbst darzustellen. Nichts ist heiliger, nichts ist vorbildlicher als ein schöner, starker Baum.

Wenn ein Baum umgesägt worden ist und seine nackte Todeswunde der Sonne zeigt, dann kann man auf der lichten Scheibe seines Stumpfes und Grabmals seine ganze Geschichte lesen: in den Jahresringen und Verwachsungen steht aller Kampf, alles Leid, alle Krankheit, alles Glück und Gedeihen treu geschrieben, schmale Jahre und üppige Jahre, überstandene Angriffe, überdauerte Stürme. Und jeder Bauernjunge weiß, daß das härteste und edelste Holz die engsten Ringe hat, daß hoch auf Bergen und in immerwährender Gefahr die unzerstörbarsten, kraftvollsten, vorbildlichsten Stämme wachsen.

Bäume sind Heiligtümer. Wer mit ihnen zu sprechen, wer ihnen zuzuhören weiß, der erfährt die Wahrheit. Sie predigen nicht Lehren und Rezepte, sie predigen, um das Einzelne unbekümmert, das Urgesetz des Lebens.

Ein Baum spricht: In mir ist ein Kern, ein Funke, ein Gedanke verborgen, ich bin Leben vom ewigen Leben. Einmalig ist der Versuch und Wurf, den die ewige Mutter mit mir gewagt hat, einmalig ist meine Gestalt und das Geäder meiner Haut, einmalig das kleinste Blätterspiel meines Wipfels und die kleinste Narbe meiner Rinde. Mein Amt ist, im ausgeprägten Einmaligen das Ewige zu gestalten und zu zeigen.

Ein Baum spricht: Meine Kraft ist das Vertrauen. Ich weiß nichts von meinen Vätern, ich weiß nichts von den tausend Kindern, die in jedem Jahr aus mir entstehen. Ich lebe das Geheimnis meines Samens zu Ende, nichts andres ist meine Sorge. Ich vertraue, daß Gott in mir ist. Ich vertraue, daß meine Aufgabe heilig ist. Aus diesem Vertrauen lebe ich.

Wenn wir traurig sind und das Leben nicht mehr gut ertragen können, dann kann ein Baum zu uns sprechen: Sei still! Sei still! Sieh mich an! Leben ist nicht leicht, Leben ist nicht schwer. Das sind Kindergedanken. Laß Gott in dir reden, so schweigen sie. Du bangst, weil dich dein Weg von der Mutter und Heimat wegführt. Aber jeder Schritt und Tag führt dich neu der Mutter entgegen. Heimat ist nicht da oder dort. Heimat ist in dir innen, oder nirgends.

Wandersehnsucht reißt mir am Herzen, wenn ich Bäume höre, die abends im Wind rauschen. Hört man still und lange zu, so zeigt auch die Wandersehnsucht ihren Kern und Sinn. Sie ist nicht Fortlaufenwollen vor dem Leide, wie es schien. Sie ist Sehnsucht nach Heimat, nach Gedächtnis der Mutter, nach neuen Gleichnissen des Lebens. Sie führt nach Hause. Jeder Weg führt nach Hause, jeder Schritt ist Geburt, jeder Schritt ist Tod, jedes Grab ist Mutter.

So rauscht der Baum im Abend, wenn wir Angst vor unsern eigenen Kindergedanken haben. Bäume haben lange Gedanken, langatmige und ruhige, wie sie ein längeres Leben haben als wir. Sie sind weiser als wir, solange wir nicht auf sie hören. Aber wenn wir gelernt haben, die Bäume anzuhören, dann gewinnt gerade die Kürze und Schnelligkeit und Kinderhast unserer Gedanken eine Freudigkeit ohnegleichen. Wer gelernt hat, Bäumen zuzuhören, begehrt nicht mehr, ein Baum zu sein. Er begehrt nichts zu sein, als was er ist. Das ist Heimat. Das ist Glück.

*Hermann Hesse*

# Tagebuchblatt

Am Abhang hinterm Hause hab ich heute
Durch Wurzelwerk und Steinicht eine Grube
Gehauen und gegraben, tief genug,
Und jeden Stein aus ihr entfernt und auch
Die spröde, dünne Erde weggetragen.
Dann kniet ich eine Stunde da und dort
Im alten Wald und sammelte mit Kelle
Und Händen aus vermoderten
Kastanienstrünken jene schwarze, mulmige
Walderde mit dem warmen Pilzgeruch,
Zwei schwere Kübel voll, trug sie hinüber
Und pflanzte in die Grube einen Baum,
Umgab ihn freundlich mit der torfigen Erde,
Goß sonnengewärmtes Wasser langsam zu
Und schwemmte, schlämmte sanft die Wurzel ein.

Da steht er, klein und jung, und wird da stehen,
Wenn wir verschollen sind und unserer Tage
Lärmige Größe und unendliche Not
Vergessen ist und ihre irre Angst.
Föhn wird ihn beugen. Regenwind ihn zausen,
Sonne ihm lachen, nasser Schnee ihn drücken,
Zeisig und Kleiber werden ihn bewohnen,
An seinem Fuß der stille Igel wühlen.
Und was er je erlebt, geschmeckt, erlitten,
Der Jahre Lauf, wechselnde Tiergeschlechter,
Bedrückung, Heilung, Wind- und Sonnenfreundschaft,
Wird täglich aus ihm strömen im Gesang
Des rauschenden Laubes, in der freundlichen
Gebärde seines sanften Wipfelwiegens,
Im zarten süßen Durft des harzigen Saftes,
Der seine schlafverklebten Knospen feuchtet,
Im ewigen Spiel der Lichter und der Schatten,
Das er zufrieden mit sich selber spielt.

*Hermann Hesse, 1939*

# ANHANG

## Anmerkungen und bibliographische Hinweise

1 Peter Schütt in: Bild der Wissenschaft, 12/1982.
2 Staatsanzeiger für Baden-Württemberg, 2.2. 1983.
3 Acher-Rench-Zeitung 20. 12. 82; 3.3. 83; 11.3. 83.
4 Frankfurter Allgemeine Zeitung 20. 5. 82; 22. 12. 82.
5 Acher-Rench-Zeitung 27. 4. 83.
6 Ministerpräsident Lothar Späth, Hauptversammlung der Forstkammer Baden-Württemberg 1983.
7 Walderkrankung und Immissionseinflüsse. Information des Ministeriums für Ernährung, Landwirtschaft und Forsten Baden-Württemberg, April 1983.
8 Günther Reichelt, Der sterbende Wald in S-W-Deutschland und Ostfrankreich. Aktionsgemeinschaft Natur- und Umweltschutz, Stuttgart 1983. Die Folgerungen dieses Biologen wurden, was Frankreich und die Vogesen betrifft, von den französischen Forstbehörden scharf kritisiert, vielleicht zu Unrecht.
9 Programme interdisciplinaire de recherches sur l'environnement (PIREN-Eau Alsace). Monatliche Untersuchungen von B. Fritz und Ch. Schenk, INRA, Colmar.
10 Annuaire statistique de la Ville de Strasbourg, 1981. La pollution atmosphérique alsacienne. Université de Paris I, 1975.
11 Direktiven für Grenz- und Leitwerte von $SO^2$ und Staubpartikel – Vergleichende Untersuchungen über sauren Regen in den Vogesen und im Schwarzwald, 11/1983. Vom Dreiseitigen Regionalen Ausschuß (Commission tripartite franco-allemande-suisse), unter der Initiative der EG.

Ferner:
Vom Bundesministerium für Ernährung, Landwirtschaft und Forsten: Forschungsprogramm Waldschäden durch Luftverunreinigung, 1982–85. Münster-Hiltrup 1983.
Schriftenreihe des Bundesminist. f. Ernährung, Landw. u. Forsten. Heft 273, 1982, München.
Informationsbrief für Führungskräfte. Herausgeg. v. Bundesarbeitgeberverband Chemie. E.V. Wiesbaden 2/1983
EG. Magazin Nr. 4/1983.
Aktionsgemeinschaft Natur- und Umweltschutz Baden-Württemberg e. V., Pressemitteilung Nr. 8/1983.
Stimme der CDU, Okt. 1982.
Referat Dr. Walter Lang, Oberforstrat, Oberkirch.
Allgemeine Forstzeitschrift, Prof. B. Ulrich, XI/1982.
Standortabhängigkeit bei Tannenerkrankung im Südschwarzwald. Institut für Bodenkunde und Waldernährungslehre der Albert Ludwigs Universität Freiburg i. Br.
Thesen: Hans Mohr, Freiburg i. Br., 1983, über »Saurer Regen«. – H. W. Zöttl und Miese, 1983: »Mg- und Zn-Gehalte in Nadeln«.

12 Pluies acides et Forêts. Etude comparée Vosges-Forêt-Noire [R. Wunenburger, CITEPA Nr. 74, EG Ci 1245 (X. 83) und Ci 1253 (XI. 83)].

13 R. Carbiener, La Forêt du Rhin. Informations en Sciences naturelles. Bulletin de l'Institut pédagogique National, No 7, 1968.

J. M. Walter, Arbres et Forêts alluviales du Rhin, in:Bulletin d. l. Soc. d'Hist. nat. Colmar, 1972–74, Vol. 55.

14 Karte von Daniel Speckel 1576, Straßburg.
15 R. Forrer, L'Alsace romaine, Paris 1935.
16 Hieronymus Bock, New Kreutterbuch, Straßburg 1546, 1595.
17 Angelo De Gubernatis, La Mythologie des Plantes, 2 Bände, Milano 1976.

P. Sébillot, Le Folklore de France, 4 Bände, Paris 1968.

18 A. Pfleger, Die elsässischen Kräuterweihen. Arch. f. els. Kirchengeschichte, Strasbourg, 1936.
19 P. Stintzi, Sagen des Elsasses. 2 Bde. Colmar 1930.
20 H. Gadeau de Kerville, Les vieux Arbres de la Normandie. Paris 1937; in: Bullet. Soc. d. Amis d. Sciences nat. 1899, 1928–29, 1930–31, Rouen.
21 Service de la Carte d. l. Végetation au 200.000e. CNRS, Toulouse. In Bearbeitung. Jede Direction départementale des Affaires Culturelles et de l'Environnement besitzt die Liste der geschützten Denkmäler.
22 Angaben im Musée de la Marine, Palais de Chaillot, Paris.
23 Paracelsus, Bd. XI, S. 191, zit. nach H. Schipperges, Paracelsus, Stuttgart 1974.
24 J. Brosse, L'Arbre, Paris 1962; K. Simrock, Handbuch der Dt. Mythologie, Bonn 1864².
25 P. Buffault, E. Carrère, Le Culte des Arbres, Rodez 1907.
26 Dictionnaire des Superstitions, Paris 1980.
27 H. Marzell, Die heimische Pflanzenwelt in Volksbrauch und Volksglauben, Leipzig 1922.

Unsere Heilpflanzen, Freiburg, Berlin 1922.

J. Lefftz, Alte Heilsegen und Beschwörungsformeln im Elsass. Arch. f. els. Kirchengesch. 1932, S. 189–226.

L. Kroeger, Das neuzeitliche Kräuterbuch, Stuttgart 1937.

28 K. Bertsch, Flora von Südwest-Deutschland, Stuttgart 1962.
29 H. Ulrich, Une statistique forestière du massif vosgien, in: Bullet. d. l'Assoc. philomathique d'Als. et d. Lorr. T. 13, 1967.
30 E. Issler, Vegetationskunde der Vogesen, Jena 1942.
31 E. Walter, La Flore des Châteaux féodaux en Vasgovie. Bullet. 4 d. l. Soc. Niederbronnoise d'Hist. et d'Archéol., 1938.
32 A. Scherlen, Perles d'Alsace, Colmar 1926.
33 Th. Schwenk, Das sensible Chaos, Stuttgart 1980².
34 D. Normandin, L'Economie du Liège en France. In: Revue forestière française, Nancy 1/1980, S. 79–90.
35 René Molinier, Le Massif de la Sainte Baume, considérations d'ensemble d'après la nouvelle carte au 1/20.000e, Bullet. Mus. d'Hist. nat. Marseille, 1958, S. 45–104.

Roger Molinier et H. Pialot, Carte au 20.000e des Groupements végétaux de la Forêt domaniale de la Sainte Baume (Var). CNRS, Paris 1950–52.

36 J. Pagnol, L'Olivier, Avignon 1979.
37 Flora europaea 1: Übersicht der europ. Abietinen, v. Dr. H. Christ. In: Verhandl. d. naturforschenden Ges., Basel 1863.

# Quellennachweis

Wir danken für die freundliche Abdruckgenehmigung der Texte von:

*Martin Buber,* Ich und Du. 11., durchgesehene Aufl. Heidelberg: Verlag Lambert Schneider 1983, S. 13 f. *Hans Carossa,* aus: Sämtliche Werke in zwei Bänden. © Insel Verlag Frankfurt am Main 1978. *Rainer Maria Rilke,* aus: Werke in drei Bänden. © Insel Verlag Frankfurt am Main 1966. *Hermann Hesse,* aus: Gesammelte Werke. © Suhrkamp Verlag Frankfurt am Main 1970. *Robert Walser,* aus: Das Gesamtwerk. © Suhrkamp Verlag Zürich/Frankfurt 1978.

# Danksagung

Verbindlichen Dank schulde ich für wertvolle Ratschläge und Hinweise Dr. Walter Lang, Oberforstrat, Leiter des Forstamtes Oberkirch, Baden; Prof. Jacques Roux, directeur du laboratoire de Morphologie végétale, Institut botanique, Strasbourg; Prof. A. Gagnieu, laboratoire de Génétique, Institut botanique, Strasbourg; Prof. C. L. Lions, laboratoire d'Ecologie animale, Institut de zoologie, Strasbourg; Bernard Heitz, conservateur du Jardin botanique, Strasbourg; Prof. Barrau, laboratoire d'Ethnobotanique, Muséum d'Histoire naturelle, Paris; Dr. Pierre Schmidt, dem hervorragenden Kenner der elsässischen Riede und Rheinwälder; Ch. Schenk, Ingénieur, Institut national de Recherches agronomiques, Colmar, für die Überlassung zum Teil noch unveröffentlichter Luftuntersuchungen; Roland Escolin, professeur de lettres, Charles Stauffer, professeur d'Allemand, beide in Strasbourg; Catherine Kreutzer, Schriftstellerin, Strasbourg; Roland de Miller, Schriftsteller, Sorine-St. Geniez (Alpes de Haute-Provence) Inge Thöns, Stuttgart, für ihre freundliche Mitarbeit bei der Auswahl von Zitaten und der Durchsicht der Texte.